ちくま新書

血の日本思想史

象徴へ

西田知己
Nishida Tomomi

1561

血の日本思想史——穢れから生命力の象徴へ【目次】

第四章 近世後期 157

はじめに

多量の失血が命取りになることは、誰でも知っている。だから「血」という言葉に対するイメージは、いくらか個人差はあるにしても、生と死が半々くらいではないかと思う。その差は個人差にとどまらず、国や地域にも左右される。日本の場合、古い時代と新しい時代の差は正反対といえるほど大きかった。要は、死から生にシフトしたのである。

古代や中世の「血」は、もっぱら忌み嫌われる対象だった。その点については明治時代以降、歴史学や民俗学をはじめとする領域で検証されてきた。いわゆる穢れ（ケガレ）意識や不浄観の研究によると、流血を忌避する傾向は中世社会になっても依然として根強かった。一方で近世（おもに江戸時代）の「血」認識を取り上げた研究が少ない。そのため伝統的な習俗が、江戸社会にも根強く残っていた印象が強い。だがこの時代こそ、生命力の象徴という肯定的な認識に舵を切った転換期だった。

同じテーマを中世以前と近世以降でくらべてみると、このことが明らかになってくる。たとえば源平の合戦を描いた『平家物語』や『義経記《ぎけいき》』などには、血筋の「血」が使用されていない。親から「身体髪膚《しんたいはっぷ》」を受け継いだとか、親子の「骨肉」の絆といった、伝統的な言い回しで占められている。他方、江戸時代に創作された浄瑠璃や歌舞伎の源平物語では「血を分けた」親子といった修飾が普通に出てくる。舞台上の源義経や弁慶らが語る「血縁」「血統」などの言葉は、江戸時代に普及した新語だった。

この落差は一事が万事で、神儒仏と総称される伝統思想の場合、中世までは肯定的な解釈に乏しかった。神事に関する穢れを詳細に規定した法令や、仏教思想の血の池地獄説などは、ほんの一端に過ぎない。それが近世以降になると、負の要素がしだいに克服され、生命力の象徴をあらわす用法が増えていく。医学の世界では、血穢《けつえ》に由来する中世以前の風習が徐々に改められていった。蘭学由来の解剖学的な知見も増え、ミステリアスだった流血に対するメカニズムの理解が進み、拒否感を緩和する一助となっている。

ただし徳川の時代に生じた意識変革は、イメージの好転ばかりでは済まされなかった。親子の「血」のつながりが形成されると、「血の穢れ」のつながりという意識も、一部で生み出された。今でいうところの遺伝的なデメリットが「血」の語によって表現可能になっている。まさに「血」の思想の光と影の部分だった。

江戸以降の推移が過去にあまり調べられていないのには、わけがある。数百年単位で見れば、大きな意識上の変革だとわかる。だが日々の語義変化として切り分ければ、一日分の変化はほぼゼロに等しい。そのため現代人というよりも、江戸時代の人たちが、そもそも変化に気づかなかった。もし気づかれていたなら、すでに当時から自明の史実になっていたに違いない。今日の歴史学や民俗学の辞典類に解説されていても、何ら不思議ではない。だが現状がそうなっていない以上、改めて検討する余地がある。そのことを幅広い分野で検証するため、なるべく同系統のテーマを中世以前と近世以降で対比してみた。

日常語に生じた地味な変化であっても、長い目で見れば、起伏に富むダイナミックな変遷が見出せることもある。「血」に関しては、その影響が行き渡った領域のすそ野が、かなり広い。木を見て森も見るイメージでお読みいただければ、幸いである。

第一章

古代

クラゲ（左）が憐みの言葉を口走り、サルは身の危険を察した（筆者蔵『悉皆世話字彙墨宝』）

1　血をめぐる東西

†西洋の犠牲儀礼

　私たちが思い描く「血」のイメージは、大筋で二つに分かれる。ひとつは流血による死につながるもので、もうひとつは親兄弟の血筋といった生命力につながるものである。その両極をふまえながら、日本の思想や文化について探るにあたり、あらかじめ世界史上の「血」の位置や変遷に目を向けてみよう。

ヨーロッパで動物愛護の気運が高まったのは、十九世紀のことだった。二十世紀になると、絶滅危惧種の動植物が世界レベルで保護されるようになっている。それにともなって、特定の地域の伝統行事だった犠牲儀礼に反対する運動も活発化した。闘牛や闘犬なども、しだいに規制されている。二十一世紀の現在、この動きは世界的な潮流になり、伝統的な犠牲儀礼を継承してきた国家や民族などは、それぞれに対応を迫られている。

　だが一連の運動が拡大する前は、違う世界が広がっていた。聖なる儀礼に際して、動物を生《いけ》贄《にえ》に捧げる犠牲儀礼の慣例が世界各地で見られた。期間の長さでくらべてみれば、伝統文化が根付いていた期間の方がはるかに長い。その一方では歴史的に振り返った場合でも、犠牲儀礼と縁が薄い土地柄も存在した。

こういう認識の隔たりをもたらす基準については、狩猟民族と農耕民族の差が指摘されている。より厳密にいえば、牧畜をいとなむ畜産民と、農業をはじめとする非畜産民の違いと考えられている（佐原真『騎馬民族は来なかった』一九九三年）。畜産民は、牧畜によって羊や牛などを育てながら、屠畜《とちく》して食肉用にする。そうした社会のもとでは、日常的に流血に接する機会が多く、おのずと犠牲儀礼も発達しやすかった。その際、祭壇に生贄として捧げられる動物の血は、命のシンボルとみなされていた。

牧畜の歴史が長い西洋社会では、古来よりそのような考え方が発達していた。血にまつわる習俗も幅広い。ホメーロスの作として伝承されてきた古代ギリシアの叙事詩『イーリアス』や『オデュッセイア』などには、山羊や子羊などを生贄として犠牲に捧げる描写が出てくる。また『旧約聖書』に描かれた犠牲儀礼については、地中海地域の牧畜文化圏に広まっていた儀礼の慣習との関連が分析されている（谷泰『「聖書」世界の構成論理』一九八四年）。

これが『新約聖書』の段階になると、旧約的な「血」は一新された。磔《はりつけ》にされて槍で脇腹を突かれ、水とともに流れ出たイエス（キリスト）の血が、人類にとって贖罪《しょくざい》の意味を持つとみなされた。贖《あがな》いのために流された「傷や汚れのない小羊のようなキリストの尊い血」（「ペテロの第一の手紙」第一章）であり、その血が人びとを過去の罪から解放すると説かれた（「ヨハネの黙示録」第一章）。イエス自身が「神の子羊」になって最後の犠牲に捧げられ、その死によって動物を捧げる必要はなくなったとされている。

　初期キリスト教の時代には、ペテロやパウロなど殉教した聖人たちの遺物が重んじられていた。彼らの遺灰や遺骨の断片、血が染みた物などがもたらす霊的な力（ウィルトゥス）の存在が、思い描かれていたのである（秋山聰『聖遺物崇敬の心性史』二〇〇九年）。具体的には、遺体や遺品のそばにいれば、そのウィルトゥスを浴びることによってケガや病気が治ると信じられていた。そのため聖遺物を何とか手に入れようとする人たちが群がり、時には奪い合いになるほどだった。入手した各地の教会にとって、聖遺物は大いなるステータスになり、多くの信者たちが日々足を運んでいた。こういう社会風土のもとでは、死体や流血に関する死穢《しえ》や血穢《けつえ》といった穢れ意識は高まりにくい。

　屠畜した動物の血液は、教理や信心にかかわりなく、身近なものと受け止められていた。栄養価が高く、古来より世界各地で食用とされていたのである。今でも血のソーセージのような加工食品が、洋の東西を問わず店頭に並んでいる。血液を食材にした血《ち》食《ぐ》いの習慣は、西洋社会でも紀元前よりもはるか前にさかのぼり、あとから成立した宗教諸派が飲食を禁じることもあった。紀元（西暦）四九年頃に開催されたエルサレム会議でも、血食いの禁止を想定した

「血」の規定が維持されている（『新約聖書』「使徒言行録」第十五章）。しかしローマ・カトリック教会をはじめとする西方教会の地域でも、古くから血液が食材に利用されていた。食生活に触れる禁令は、社会の実情にそぐわなかったのである。

†継承される肉体

ただし血液が生命の象徴だったにもかかわらず、古代の西洋社会では「血」の継承という発想が一般的でなかった。その点はキリスト教思想でも同様で、旧約・新約を問わず聖書には書かれていない。一個人の体内に宿る生命力の象徴と、親から子に代々継承される生命力の象徴は、必ずしも一致していなかった。

ヨーロッパの中世社会にまで目を向けてみると、血族のつながりをあらわすシンボル的な語彙の中にあって「血」は一般的でなかった。たとえばフランスの場合、近親の人たちの間に意識された「血」といえば、第一に「血の復讐」だった（マルク・ブロック『封建社会』一九七三年）。ここでいう「血」とは、親族が受けた被害に対して、流血に至る復讐まで容認する「目には目を、歯には歯を」的な規定だった。

一方、親兄弟といった比較的身近な血縁関係のつながりをあらわす際には、しばしば「caro《カロ》（肉。ラテン語）」が用いられていた。親から子に、肉体が分け与えられる感覚である。それがやがて「sanguis《サンギス》（血。ラテン語）」のつながりとも理解されるようになった。血筋の「血」が台頭してからは、従来の「肉」と併用されている。

血縁関係をめぐる中世ヨーロッパの意識上の移り変わりは、言語表現にとどまらなかった。もともと血や肉を分けた間柄とみなされていたのは、親子よりも兄弟姉妹だった。他人同士の男女が夫婦となって生み出す子どもこそ、両親から見て完全に同等の血縁関係と考えられていたのである。

この点については、現代語の感覚でも理解しやすい身近な例がある。たとえば日本語には、「兄」と「弟」または「姉」と「妹」のように、年長と年少を区別した単語がある。対する英語の「brother」は、この一語だけでは兄か弟か判別できず、「sister」の場合も姉と妹のどちらをさしているのか明らかでない。そういう識別は英語に限らず、ヨーロッパの諸言語に乏しい。それは血の均等分配という理由から、兄弟や姉妹を一体とする意識が強かったためと解釈されている。

とはいえ兄弟姉妹をはじめとする血族の純粋性に固執すると、同族同士による族内婚が優先されてしまう。そうなると近親婚につながり、劣性遺伝が顕在化するリスクが高まりやすい。そのマイナス面については、古くから経験的に知られていた。

そこでカトリックの聖職者たちは、近親結婚を避けるようにするために家系図の解釈を改めた。兄弟関係を主体とする系図法から、婚姻関係を基軸とする系図法に切り替えたのである。その際に説かれた教理では、婚姻の「秘蹟《ひせき》」によって夫婦は一体となると解釈された。「秘蹟」とは、神の恩寵を信徒に与える儀礼のことで、全部で七つある。婚姻の「秘蹟」では、ひと組の男女が助け合いながら子どもを出産・養育し、家庭を築くための恵みを与える。カトリックの信者同士の結婚式では、男女が教会の前で結婚の合意を交わすことによって「秘蹟」を授け合うという手続きをとる。

こうして新たに「秘蹟」が規定されたことにより、夫婦は子どもを介してはじめて結ばれるという考え方が導かれた。他人同士だった男女の一体性が認められ、族内婚から族外婚に転換する道が開かれた。それにともなって、兄弟姉妹という横軸の血縁関係から親子という縦の関係を柱とする連続性に意識の転換がはかられた。そこから直系という考え方が導かれている（木津隆司『西欧中世の家と家族』二〇〇六年）。

直系の血族という意識にもとづいて遠い先祖にさかのぼるほど、身近な親兄弟の間に成り立つ容姿や体格などの類似性は薄れていく。古い時代であればあるほど、遠い祖先の見た目など調べようがない。その場合には、具体性がともなう「肉」の同一性よりも、特定の形がなく抽象度の高い「血」の継承が馴染みやすかったのかもしれない。

†骨肉と身体髪膚

古代中国でも、血液は犠牲儀礼と密接な関係があった。そもそも漢字の「血」は、儀礼の際に獣の血を受ける「皿」にしたたる一滴の雫が、かたどられていた（許慎《きょしん》『説文解字《せつもんかいじ》』「血部」）。甲骨文字にさかのぼる漢字の字源については、解釈が分かれることも多々ある中で、「血」に関してはこの見方で一致している。

犠牲儀礼と血液との関連を物語る習俗のひとつに、血盟がある。この「盟」を構成している「皿」の字も、元来は「血」のことだった。諸侯が集って盟約を結ぶ「会盟」のとき、盟主が牛の耳を執って裂き、諸侯たちはその血をすすり合ったという（『春秋左氏《しゅんじゅうさし》伝《でん》』「哀公《あいこう》十七年」）。犠牲獣の中でもとくに牛が尊ばれ、のちに「牛耳を執る」「牛耳る」などの慣用表現が生まれたとされている。

紀元前にさかのぼる中国の食文化の根底にも、ヨーロッパと同じく狩猟民族の特質があらわれている。その典型が、血液を食材に利用した血食いの伝統だった。生命力の象徴となる血は、滋養や強壮をもたらす食材ないし薬材でもあった。現在に伝わるヘビやスッポンの血を飲む習慣も、血の強壮作用を期待した医食同源的な考え方にもとづいている。

これほど血を身近に受け止めていたのに、やはり「血」の継承という言語表現は自然発生的に普及しなかった。その点も古代ヨーロッパ社会と共通している。身体の部位を借りた血筋の表現としては、「骨」や「肉」が広く使われていた。より具体的には父から「骨」を受け継ぎ、母からは「肉」を受け継ぐと考えられていた。この二字を一語にした「骨肉」もあり、「骨肉の親《しん》」をはじめとして「骨肉の恩」や「骨肉の愛」など、さまざまな慣用表現も生み出されている。

「骨肉」の類語に「身体髪膚《しんたいはっぷ》」があり、四書五経に連なる古典のひとつだった『孝経《こうきょう》』に由来する。この書物は孔子（前五五一頃〜前四七九）が、弟子の曾子《そうし》（前五〇五頃〜前四三五頃）と問答する形式をとり、儒教思想の根本理念のひとつだった「孝」について語られている。日本への伝来は、十七条憲法の成立以前と推定されている。『大宝令《たいほうりょう》』では大学の必修科目に定められ、『論語』とともに儒教倫理の普及に寄与した。「身体髪膚」については、つぎの一節に出ている（開宗明義章《かいそうめいぎしょう》）。

身体髪膚これを父母に受く。あえて毀傷《きしょう》せざるは、孝の始めなり。

父と母から貰い受けた大切な肉体なのだから、傷つけないよう心がけるのが親孝行の第一歩だとある。たとえば怪我や病気をして親に心配をかけないのが、孝行の大前提とされていた。

この教えを厳密に受け止め、生涯髪を切らずに伸ばし続ける慣行さえ、特定の時代や一部の地域には存在していた。

また歴史上、儒者が仏教を批判する際には、しばしば出家による剃髪を指摘していた。父母から受けた「身体髪膚」としての髪を、みずから傷つける行為と認識されていたのである。出家をすれば、家を捨てて父母に対する孝養を放棄することになるとも評され、それと同等に髪の毛を剃り落とすことが批判されていた。

「身体髪膚」のほかには「父母の遺体《いたい》」も広く知られ、こちらは『礼記《らいき》』（祭義）の一節から来ている。

身は父母の遺体なり、父母の遺体を行ふ、あへて敬せざらんや。

両親から引き継いだ身体は、「父母の遺体」を再利用させてもらっているのに等しい。だから大切にしなければならないとある。ここでいう「遺体」とは、子どもの側が自分の体のことをさして用いる。死体の意味ではなく、あとに残された「遺族」の「遺」に通じる「遺体」である。「身体髪膚」も「父母の遺体」も、親孝行や親族の絆を物語る際に引き合いに出され、日本にも伝えられて同じような文脈で語られた。

基本的に親孝行の目線で語られているため、右の表現によってあらわされる血縁関係の範囲は、おのずと親子や兄弟姉妹あたりに限られた。それでも「骨」「肉」や「身（体）」「髪」「膚」といった身体の部位によって近親の関係を象徴しているのは、外見上の類似性も意識されているのだろう。

†陰陽論と気血

同じ血縁関係でも、身近な親兄弟の関係ではなく、先祖から代々伝わる血統をあらわしたい場合もある。その際には、人間や畜獣のような有血動物よりも植物が好んで用いられていた。草木の種《たね》が発芽して生成し、枯れ果てても季節がめぐると、また次世代が芽生える。このサイクルを、人間の血筋の継承になぞらえていた。たとえば史書の『史記』や『三国志』などには、「苗裔《びょうえい》」「後胤《こういん》（種）」「末葉《まつよう》」といった植物由来の表現が見られる。

医学や哲学思想の領域で、生命力の根源として重んじられていたのが「気」だった。この発想は、現在の漢方まで脈々と受け継がれている。唐代に書かれた杜佑《とゆう》撰の制度史書『通典《つてん》』巻百六十七に、つぎの一節がある。

父子至親、分形同気（父子は至親《ししん》なり、形を分けて気を同じうす）

「至親」とは、血筋の近い間柄のことをいう。父と子は別の「形」だが「気」は同一だから、子どもは父親の生命の延長にあることを意味している。

人体をめぐる生命エネルギーの「気」は「陽」の成分であり、対する「陰」の要素が「血」だった。そのため漢方的な「血」は、実際の血液と同一ではなかった。「気」のはたらきが鈍ったり、停滞したりした状態を「血」と称することもあり、広義の「気」は「血」を含むとも理解されていた。この考えにもとづいて、親先祖の「気」や「血」が子孫に継承されるとも解釈されていた。

親から子に受け継がれる成分について、父方と母方に分けて考える際には、「気」とともに「精」が意識されていた。父方の「精」と、母方の「血」から胎児が生成するという見方もあった。これらを組み合わせた「陽精陰血」や「父精母血」といった表現も使われている。母子の「血」のつながりを表現しつつも、生命力の主体はあくまで父方の「精」や「気」にあった。親子の「血」のつながりが容易に成立しなかったのは、父親と子を「血」で結ぶ見方が確立されにくいことが大きかった。

医学や哲学の視点から父方の優位が「気」に託されていたとすれば、社会的には「姓」に反映されていた。中国の家族制度のもとでは、古来より父方の血統が重んじられ、父親から息子に「姓」が受け継がれると考えられてきた。同じ男系の血を引く者同士は同類であり、同類間の近親婚は自然の摂理に反するという考え方から、同じ「姓」であれば結婚しなかった。これを「同姓不婚」の原則という。現在でも中国では、女性が結婚してからも一般的に夫の姓に改めない。それも「同姓不婚」の原則にもとづいている。

「同姓不婚」と一対にして論じられていた「異姓不養」は、血がつながっていない者を養子にしない原則を示したものだった。そのため実子による相続に次いで多かったのは「同姓」となる男兄弟の息子、つまり甥《おい》による相続だった。このように父系の「姓」を重んじた中国にも、「血」のつながりという意識は元来一般的でなかった（滋賀秀三『中国家族法の原理』一九六七年）。西洋社会の場合と同じく、血縁関係が強固な社会であれば、放っておいても成り立つ言語表現ではなかったのである。

†胎児生成論

「陽精陰血」や「父精母血」といった考え方は、海を越えて古代の日本にも伝わった。国内で現存最古の医書として知られる、平安時代の『医心方《いしんほう》』にも書かれている。この本は丹波康頼《たんばのやすより》（九一二〜九九五）によって永観二年（九八四）に著され、朝廷に献上された。隋や唐の医書を、百冊以上引用してまとめられている。中国本土では、すでに失われた典籍の記載が含まれていることでも名高い。

『医心方』には産科の項目があり（巻二十四・第三）、その一条「胎中の男女を知る法」には胎児の性別を判定する方法が説明されている。受胎に関して「陽精」が多ければ男児が生まれ、「陰精」が多ければ女児が生まれるという。続く第四「女を変えて男になす法」には、まだ男児とも女児とも判別のつかない妊娠三か月未満の胎児について書かれている。服薬や秘術を用いて、男児を生ませることが可能だとある。生まれてくる子どもの性別に対する関心は、古今東西を問わず高く、見分け方や産み分けに関する諸説が並び立っていた。

嫡子の誕生を願う立場から、胎内の女児を男にさせる話は『平家物語』にも出てくる（巻三「赦文《ゆるしぶみ》」）。高倉天皇（一一六一～八一）の中宮となった平徳子（のち建礼門院《けんれいもんいん》。一一五五～一二一四）が懐妊し、父親の平清盛（一一一八～八一）は霊験《れいげん》あらたかな高僧に厄払いを命じて皇子誕生をひとえに祈願した。さらには後白河院（一一二七～九二）の弟で、延暦寺の一門を統括する天台座《ざ》主《す》だった覚快法親王《かくかいほうしんのう》（一一三四～八一）が参内《さんだい》して「変成男子《へんじょうなんし》の法」を執り行なったと記されている。

また中国には「赤白二渧《しゃくびゃくにたい》（滴）」説もあった。仏教、とりわけ教義や儀礼を口伝にして師匠から弟子に秘密裏に伝える密教を経由して日本にも広まった。具体的には平安末期以降、真言や天台の密教僧たちが伝播の担い手になっている。「赤白二渧」とは、今でいう卵子と精子に相当する。両者が結合したところに「中有《ちゅうう》」の状態をへて「識《しき》（意識・心）」が託されるとみなされた。「中有」とは仏教語で、人が死亡した瞬間からつぎの世に生を受ける瞬間までの四十九日間における、生と死の中間的な姿のことをいう。

日本の曹洞宗の開祖となった道元（一二〇〇～五三）は、その著『学道用心集』第一「菩提心を発すべき事」の中で「赤白二滴」説に触れている。禅宗でいう「色即是空」の「空」という視点から、「赤白の二滴は、終始これ空なり」と論じている。また無住《むじゅう》（一二二七～一三一二）の仏教説話集『沙石集《しゃせきしゅう》』（梵舜本《ぼんしゅん》）巻六にも、同じ説が引かれている。子どもが父親に似るか母親に似るかという点について、ちょっとした艶話に仕立ててある。

経典を介して仏法を継承する一般の仏教（顕教《けんきょう》）の立場からすると、右の説は邪道だった。仏教界から排除しようとする動きもあった。それでも結果的には鎌倉・室町時代を通じて徐々に普及し、江戸時代に入ってからは一層広く知れ渡っている。その要因として、初等教訓書の『童子教《どうじきょう》』に記述されたことが大きかった。

『童子教』は、平安時代の天台僧だった安然《あんねん》（八四一～？）の著ともいう。仏教および儒教の経典から文を選び、漢詩流の五言三百三十句に構成してある。同じく平安時代にまとめられたとされる『実語教《じつごきょう》』と合本にして、『実語教童子教』の名で江戸時代を通じて頻繁に刊行されていた。その一端をなす『童子教』の一節に、つぎのように出ている。

白骨は父の淫、赤肉は母の淫、赤白の二滴和し五体身分《しんぶん》と成る。

古代社会に通用していた胎児生成論は、総じて大陸渡来の諸説に依拠することが多かった。医学知識や医療技術などがまだ素朴な段階では、体内のメカニズムについては正直、よくわからない。そこで体外にあらわれる生理現象や、あるいは独自の宇宙観・世界観にもとづいて胎児の生成が語られる状況にあった。右のように諸説が並び立つ中にあって、「血」を軸にした解釈が主流だったわけではなかった。

2　不浄観と家社会

†律令制度と延喜式

世界史上、日本社会は古くから血を忌み嫌う側に属していた。血食いの習慣も国内に根付くことはなく、身近な郷土料理としても知られていない。数ある非畜産民の中でも、日本人は血を格別に忌避してきたといっても過言ではない。

大陸から農耕を取り入れてからは、米や酒などを供え祀る農耕儀礼が普及した。従来よりも流血が身近でなくなったこともあり、血穢《けつえ》の意識が一段と強まったと考えられる。それでも農耕が伝わる前の日本社会では、採集や漁労のほかに狩猟もいとなまれていた。鳥獣にまつわる犠牲儀礼とも無縁ではなかった。その儀礼に関する研究によると、実際には動物が生きたまま捧げられることも多かった。そもそも「生贄」とは、生きている「贄《にえ》（祭事で神に供える礼物）」のことをあらわしていた。

古代から中世にかけて意識されてきた血の禁忌《きんき》については、歴史学や民俗学などの分野で研究が蓄積されてきた。誰もが恐れた死穢《しえ》が根底にあり、その死に結びつく流血が血穢として意識されていた。ここでは血の穢れに関する先行研究にもとづいて、法令を中心にごく簡単に取り上げる。

社会制度の根幹として隋や唐で発達した律令制度は、飛鳥時代の日本にも伝わり、奈良時代以降も国政を運営するのに取り入れられた。もとの制度のまま取り入れられた部分もあれば、日本風に改められた側面もあり、流血に結びつく儀礼については徹底的にといってよいほど改変されている。

穢れが規定された初期の史料として、律令格式の式に相当する法令集の『弘仁式《こうにんしき》』（弘仁十一年、八二〇成立）がある。すでにその段階で、穢れに対する忌避意識は鮮明だった。『弘仁式』

や『貞観式《じょうがんしき》』を受け継いで編纂された『延喜式《えんぎしき》』（延長五年、九二七成立）については、日中の規定を比較した研究がある（井上光貞『日本古代の王権と祭祀』一九八四年）。

それによると、中国社会では日本ほど血の穢れを意識せず、流血をともなう犠牲儀礼の記載が律令制度に多く含まれている。『唐令《とうれい》』にある「祀令」では、ほとんどの祭祀に動物の犠牲が詳述されている。対する『延喜式』巻一の「四時祭」には、動物の犠牲が明記されていない。

巻四「伊勢太神宮」の場合、伊勢神宮の奉納馬は生きた馬に終始している。この事実もまた、日本社会で犠牲儀礼が受け入れにくかったことを物語っている。

一方では、中国の律令に規定されていなかった穢れに関することが『延喜式』に加えられている。もとより『延喜式』とは、法令の本体となる律令の修正や追加をほどこす格式のひとつだった。その式として細目を規定するにあたり、流血に敏感な風土がもたらす血の穢れに関する項目を追加していた。

神社の祭祀について書かれた巻三の「臨時祭」には、種々の穢れと謹慎期間について個別に規定されている。「穢忌」条によれば、人の死なら三十日間、出産なら七日間、家畜の死は五日、家畜の出産は三日とある。これに流産（「改葬傷胎」条）、妊娠や月経（「懐妊月事」条）などの項目が続く。そのあとに置かれた「触穢」条では、もし何らかの穢れが発生した場合のことが想定されている。同じ場所に居合わせた人であれば誰にでも移り、いったん穢れた人と同じ空間にいた人にも感染し、穢れに触れたら神事に同席することを禁じるとある。

また『延喜式』巻五に収録された伊勢神宮の「忌詞《いみことば》」条では、不浄ないし不吉なことを連想する言葉を避けるための言い換えが示されていた。たとえば「病」は「夜須美《やすみ》（安み）」に改め、「血」については「阿世《あせ》（汗）」とすべきことが記されている。「阿世」については、「血」が体外に排出されると汗になるという解釈にもとづいている。

体外で汗に変わるととらえる解釈は、広く知られた俗信だった。『沙石集』の巻十末には、「汗ハ血ナリ」と出ている。江戸時代に流布した貞享三年（一六八六）版『沙石集』巻九には「汗はこれ、肉の中にては血なり」と書かれている。それが「皮にへだ（隔）てられて、す（澄）める故に汗となる」から「汗は即ち血なり」と結論付けている。

体内の「血」が汗になるメカニズムとして、赤い成分が皮膚というフィルターによって濾過《ろか》されるとイメージされていた。あるいは病気や怪我によらない、いわば「健康な出血」が発汗であるという認識の仕方だった。死を連想させることもなく、透明な液体は忌避の対象にならなかった。

†筋目正しき人

古代のヨーロッパでも中国でも、血液を生命力の象徴と受け止め、穢れをあまり意識していなかった。にもかかわらず、親子の「血」のつながりという言語表現は、たやすく形成されなかった。すると穢れ意識が強かった日本は、そもそも「血」の継承が意識される最低ラインの条件さえ満たしていなかったことになる。現に古代の日本語に関しては、「血族」にあたる語が明確には存在しなかった。そのことについては、早くから指摘されている（津田左右吉『古事記及び日本書紀の新研究』一九一九年）。

日本語にも一応「血筋」は存在し、古代から用いられていた。しかし現在と違って血縁関係のことではなく、皮膚に浮き出た血管や、流れ出た血が線状に付着しているさまなどをあらわした。文字通り血の筋のことで、充血した目の毛細血管などもこれでカバーできた。「脈（脉）」の字も同じくスヂと訓読され、これと組み合わせた「血脈（血脉）」もまた、チスヂと読めば「血筋」と同じ意味になった。

古語の「血筋」が血縁の意でなかったのに対して、意外にも「筋」の一字だけなら血縁関係を表現できた。物事の筋道から派生して血筋のこともあらわし、平安時代や鎌倉時代の文学作品にも出てくる。

紫式部（九七三頃〜一〇一四頃）の『源氏物語』第二十二帖の玉鬘《たまかずら》には「父大臣の筋さへ加はればにや、品高く美しげなり」という一節がある。父である大臣の血筋までも引いているからであろうか、玉鬘は上品でかわいらしい様子である、と訳せる。また『大鏡』の序にある「言ひもていけば、同じ種《たね》、一つ筋にぞおはしあれど」の部分は、煎じ詰めると同じ祖先、同一の血統でいらっしゃるけれど、と訳すことができる。

「筋」の一字だけで血筋のことをあらわせるのなら、あえて「血」を上乗せする必要はない。むしろ「血」を使わないほうが、血筋の表現に向いていた。その事実もまた、血の穢れ意識の根強さを物語っているように思われる。

「筋」に「目」を足した「筋目《すじめ》」もまた、物事の筋道から発して、血縁関係の意味に用いられることがあった。織田信長（一五三四〜八二）や豊臣秀吉（一五三七〜九八）らが活躍した織豊期《しょくほう》に、日本イエズス会によって編纂された『日葡辞書《にっぽじしょ》』（慶長八年、一六〇三刊）にも、その「筋目」が書かれている。すなわち最初に「まっすぐな線、または、筋」とあり、それに加えて「血統」と出ている。例文にある「筋目よい人」については、「よい血統の人、あるいは、貴人」と解説されている。

「筋」の原義となる筋道立った正しさが根底にあるためか、「筋目」は血筋の正統性を伝えようとする場面に用いられることが多い。『日葡辞書』の例文に出ていた「筋目よい人」については、しばしば「筋目正しき」誰々といった形で用いられた。そう表現すれば、血統が立派であることをあらわした。「筋目悪《あ》しき」といえば、逆の意味になった。

「筋」は植物でも身体語彙でもない、もっとも抽象的な血筋の表現のひとつだった。そのため先祖代々の血統も、身近な血縁関係もカバーすることができ、用途が広かった。大雑把ながら、英語の「line」に血筋の意味があるのとよく似ている。一字の「筋」さえあれば、血筋をあらわす「血筋」は不要だった。

†双系制と家社会

言語表現をめぐる国語学的なアプローチとは別に、家族制度という社会学的な視点から見た場合、日本は強い血族の結束を志向する社会ではなかったことが知られている。たとえば先史時代に関しては、母系が主流だった。その母系家族のもとでは、成人した子どものうち男子が家を離れ、娘が生家に残って婿取りをした。この風習は平安中期の頃まで残り、鎌倉時代になって武家社会に移行してから父系が強まったとされている。

その移り変わりをへて、父系親族と母系親族を厳密に区別しない双系《そうけい》的な社会に移行したことが指摘されている（吉田孝『律令国家と古代の社会』一九八三年）。双系的な特色は親族呼称にもあらわれ、父の兄弟も母の兄弟もオジ（兄が「伯父」で弟は「叔父」）と呼ぶ。同様に父母の姉妹を、オバ（姉が「伯母」で妹は「叔母」）という。その子どもたちについても、単に男女を区別するだけで男の子をオイ（甥）、女の子をメイ（姪）と称していた。現在でも、父方と母方の親族を呼び分けていない。対する中国語では、父方の兄弟がオジなのに対して母方の兄弟は「舅」

という具合に、明確な呼び分けがある。

英語の「brother」や「sister」に「兄」「弟」や「姉」「妹」の区別がないのは、均等な血族意識のあらわれと解釈されていた。その見方を流用すれば、日本語のオジやオバに父系・母系の区別がない理由も推測できる。どちらの系統に対しても、血縁的に均等と受け止める意識のあらわれということである。その双系社会の上に形成されたのが、いわゆる「家」社会だった。片仮名でイエとも書かれるが、ここでは漢字表記で統一する。この「家」社会は、古代の双系的な社会を基盤としつつ、室町・戦国期の社会変動をへて形成されたと考えられている（尾藤正英『日本文化の歴史』二〇〇〇年）。

その「家」組織でも、原則的には長男（嫡男・嫡子）が後継者だった。ただし現実的には、後継にふさわしい男児がいない場合もありうる。そのときには、他家から非血縁の入婿《いりむこ》（婿養子）を迎え入れていた。江戸時代の商家で、有能な番頭が店主の娘婿になるなどして創業以来の看板が守られていったことなどは、よく知られている。血筋の継承よりも、「家」の継承を優先していたのである。

すると仮に血穢を忌避しない社会だったとしても、「血」のつながりが馴染む素地は乏しかった。それどころか、江戸時代に「家」の継承が拡大するにともなって、血族を最優先する考え方は一段と薄れた。そう受け取るのが、もっとも妥当な解釈と思われる。

ところが実社会の推移とは別に、日本語の歴史上ではまさに江戸時代に、血縁の「血」が普及している。血筋に関する言語表現は、幕末期に近づくほど「血」で束ねられていった。従来は「骨肉」と表現されていたものが、「血筋」や「血脈」などに置き換えられている。振り仮名を多用した大衆文学では、漢字で書かれた「骨肉」や「筋目」などに「ちすぢ」という振り仮名をほどこした例も多い。そうすることによって古い言葉に当世風の読みを与え、文章表現を膨らませたりしていた。その意味で、社会的な実態の推移と言語表現の移り変わりは、いったん分けて考える必要がある。

国語学的な視点から見れば、血筋の「血」は江戸時代の数百年をかけて、日本語に深く定着した。百年単位の時間を要したのは、それだけ不浄観が根強かったためと考えられる。それでも結果的に意識上の変革が実現したことにより、人びとは「血」のつながりという枠組みを自覚するようになった。現在では「血筋」「血縁」「血統」など「血」の字を使わないケースはまずないといってよいほど不可欠なキーワードになり、中世以前との落差は限りなく大きくなっている。

3 今昔物語集の奇談

血の穢れを嫌う意識が強かった日本では、血液そのものが話の核になるような物語は、あまり発想されてこなかった。他方、平安後期の『今昔物語集』や鎌倉前期の『宇治拾遺物語』には、インドや中国の流血奇談も収められている。

†不吉な卒塔婆

作者未詳の『今昔物語集』は、全部で三十一巻ある。その内訳は天竺《てんじく》（インド）の物語が巻一から巻五まで、震旦《しんたん》（中国）が巻六から巻十まで、本朝（日本）が巻十一以降となっている。説話の主題や素材ごとに分類され、整然と構成されている。そのうち中国渡来の二話には仏教にたずさわる人が登場し、差し迫った危機から身の安全が守られる。最終的には、信心の大切さをうながす内容になっている。

ひとつ目の「嫗《おうな》、毎日《ひごと》に見し卒堵婆《そとば》に血を付けたる語《こと》」（巻十・第三十六話）によると、昔、中国のあるところに大きな山があった。その山頂に、卒塔婆（大型の石塔）が建てられていた。山のふもとに住んでいた八十歳ほどの老婆は、物心ついた頃から毎日どんな悪天候でも険しい山道を登り、卒塔婆を拝んでいた。

ある年の夏、若い男たちが卒塔婆のそばで涼んでいたら、老婆が登ってきて卒塔婆の周囲をめぐりながら見ていた。その様子を目の当たりにした若者たちは、怪しげに思った。しかも連日目撃した彼らは、いよいよ不可解に思って、あるとき本人に直接尋ねてみた。彼女によると、これは七十年近く続けている日課で、百歳以上長生きした先祖たちから伝わる教えを守っているという。この卒塔婆に血がついたら山は崩れ、深い海になってしまうから、そのときには逃げ去ろうと思って毎日確かめに来ているのだった。

男たちは共感するふりをしながらも、内心で彼女を馬鹿にしていた。そこで自分たちで卒塔婆に血を塗りつけ、老婆を脅かしてやろうとたくらんだ。そう申し合せて「血を出して」塗りつけ、先に下山すると、いたずらのことを山里の仲間に話して聞かせた。里の者たちも笑うばかりで、まるで本気にしなかった。

翌日いつもどおり老婆が登ってみると、卒塔婆に「濃き血、多く付たり」という状態になっていた。彼女は驚愕し、急いで下山すると里人たちに大声で避難を訴えて回った。人びとは身支度を済ませて里を離れた。例の若者たちは相変わらず笑い飛ばしていたが、たちまち大空が暗闇に包まれ、山が揺るぎ始めて轟音を立てながら崩れていった。こういうこともあるから、老人の意見には耳を傾けるべきだと結ばれている。

この話は、ほぼ同じ筋立てで『宇治拾遺物語』にも収められている（巻二・第十二話）。タイトルは「唐卒塔婆《そとば》に血付く事」とあり、舞台は唐の国に設定されている。老婆が山頂の卒塔婆を毎日見に来るのは同じで、とくに拝むわけでもなく、ただ見回ってから帰っていくとある。

涼みにやって来た若者たちとのやりとりも、『今昔物語集』とほぼ変わらない。理由を知らされた男たちは、いたずら心を起こして「あや（雫）し」た血を卒塔婆に塗りつけ、山を下りたとある。どちらの作品でも、若者たちは自分たちの体を傷つけて得た血を、卒塔婆に塗りつけている。「雫《あや》す」とは、滴《したた》らせることをいう。

もともと卒塔婆とは、釈迦の遺骨を納めた五重塔を模して建てられた石製の墓で、建物といってもよい規模があった。日本では鎌倉時代に新仏教が登場し、仏式の葬礼が民間に普及するにともなって、小型化された石製の五輪塔《ごりんとう》になった。さらに簡略化され、追善供養の経文や題目などを書いて墓石の後方に建てる木札になった。すると血が塗り付けられた中国の卒塔婆は、人が周囲をめぐるほどの規模があり、付けられた血も微量ではないのだろう。

江戸時代、浄土宗の僧侶だった厚誉春鴬《こうよしゆんおう》は怪談の故事来歴を記した『本朝怪談故事《ほんちようかいだんこじ》』（正徳六年、一七一六刊）をまとめた。その中で『宇治拾遺物語』の「唐卒塔婆に血付く事」の類話を紹介している（巻二・第十二話）。それは盛弘之《せいいんし》の『荊州記《けいしゆうき》』にある一話で、唐の歴陽県に老婆が住んでいて、つねに善行を心がけていた。あるとき、どこからともなく少年が来て「東門に血が付いているのを見たら、急いで山に登れば災難を免れる」と知らされた。老婆はこれを信じて、たびたび東門を訪れた。不審に思った門番が尋ねると、老婆は例のことを答え、門番は彼女を驚かそうとして「鶏ノ血」を門の敷居に塗っておいた。驚いた老婆が急いで山に登ると、山里の場所がみるみる水没して大海に変じ、多くの人が亡くなったという。

さらなる類話として、厚誉春鶯は東晋《とうしん》の干宝《かんぽう》の『捜神記《そうじんき》』（四世紀）巻十三に収められた「由拳県」を挙げている。ここでは出典名しか示されていないが、物語によると秦の始皇帝の時代に長水県で「御門に血を見りゃお城が沈む」という童謡が流行る。ある老女が気に病んで毎日その城門を確かめに行くので、門を守る将校が脅かしてやろうと思って、ひそかに「犬」の血を城門に塗っておいた。老女は驚いて逃げ去り、たちまち大水が溢れ出て、城は水の底に沈んでしまったという。

穢れをものともせず生き物の血を弄ぶ感覚は、当時の日本人にとってエキセントリックだった。また最終的に山里の人びとにまで被害が及ぶのも、伝統的な血の穢れとは異質だった。在来の発想では、穢れの対象に近づいたり居合わせたりした人にだけ謹慎が求められ、個人的に対処すべきものだった。だから卒塔婆に血が付く物語は仏罰が甚大で、日本では一層恐ろしく受け止められた可能性が高い。広い意味での異国情緒を感じた人も、いたように思われる。

†纐纈城からの脱出

『今昔物語集』にある別の一話は「慈覚大師、宋に亘《わた》りて、顕密《けんみつ》の法を伝へて帰り来れる語《こと》」（巻十一・第十一話）と題されている。比較的シンプルに書かれている『宇治拾遺物語』の「慈覚大師纐纈《こうけつ》城入り給ふ事」をテキストに用いて、内容をたどってみる。
物語によれば、最澄（七六七～八二二）に師事した円仁《えんにん》（慈覚大師《じかくだいし》。七九四～八六四）が仏法を学びに唐へ渡った。都の長安では、会昌《かいしょう》年間に武宗（八一四～八四六）が仏法を迫害していたため円仁も捕まりそうになり、最終的には都から追放された。他国へ逃げ延びると、山の向こうに人家があった。門前にいた人に尋ねると、長者の屋敷だと知らされた。円仁は修行のために入唐したいきさつを話し、かくまってもらうことにした。

広大な邸内に一軒の建物があり、中から呻《うめ》き声が聞こえてきた。円仁が覗いてみると、縛られて天井から吊り下げられた人たちが「血をあやし」、その血液は下に置かれた壺に溜められていた。横で臥せていた人に事情を聞くと、ここは纐纈城《こうけつじょう》といい、来た人は口がきけなくなる薬と太る薬を飲まされて吊り下げられる。そうして体の所々を刺し切られて血を抜き取られ、その血で染めた纐纈を売っているのだという。纐纈とは絞り染めのことをいう。

彼のアドバイスに従った円仁は、ふと目の前に姿をあらわした大きな犬に導かれて脱出することができた。人里にもどり、出会った人に事情を告げると「纐纈城から無事に帰還した例はなく、よほど仏様のご加護があったのだろう」と円仁を拝んだ。その後、都に帰って身を潜めていたところ、会昌六年（八四六）に武宗が崩御した。翌年の大中元年に宣宗《せんそう》（八一〇～八五九）が帝位につくと、仏法の迫害が止んだ。それからは自由に仏法を学ぶことができ、十年越しで日本へ帰ると、真言などを広めたという。

歴史上の人物の円仁が入唐したのは、承和五年（八三八）だった。帰国したのは大中元年（八四七）だったから、物語にある時期の設定と重なっている。また会昌の廃仏は、円仁が滞在中の会昌五年（八四五）に起きている。そのため、在唐時の仏教弾圧に絡めて構想された奇談と考えられている。円仁の見聞記『入唐求法巡礼行記《にっとうぐほうじゅんれいこうき》』は、晩唐の社会や風習などの資料としても知られているが、纐纈城のことは記録されていない。

中世の読者からすれば、吊り下げられて生き血を抜き取られる場面は、ビジュアル的にわかりやすい恐怖だった。その血を染料にして製品化する経営者側の意図に対しては、空恐ろしさを感じ取っていたように思われる。穢れをもたらす血に積極的に触れるばかりか、それが日々の生活の糧になるというマインドは、理解不能だったに違いない。だからといって、そこから生命力の象徴となる「血」が想起されたわけでもなかった。

✝妖怪が残したもの

同じ『今昔物語集』に収められた話でも、日本の奇談では、それほどおどろおどろしい流血が描かれていない。その実例として最初に取り上げたいのが、「幼き児《ちご》、護《まも》らむがために、枕上《まくらがみ》に蒔《ま》く米に血付く語《こと》」（巻二十七・第三十話）である。『今昔物語集』に収録された一千話以上ある物語のうち、タイトルに「血」の字がつくのは二作品しかない。ひとつが前掲の卒塔婆の話で、もうひとつが京都を舞台にした本作である。

京都の物語によると、方違《かたたが》えのために下京《しもぎょう》あたりの家に行った人たちがいた。方違えとは凶の方角を避け、いったん別の方角に出かけて一泊してから、本来の目的地に向かうことをいう。公家や武家の邸宅が集中していた上京《かみぎょう》と違って、下京は京都の市街地の南半分にあたり、庶民的な商業地域だった。このときの方違えの宿泊先は、霊がとりついていると昔から噂されていたが、知らないまま訪れてしまった。

日が暮れたので、幼い子の枕のそばで火をともし、傍らに二、三人が寝ていた。目を覚ました乳母《うば》は、幼い子に乳を与えていた。すると夜半頃、塗籠《ぬりこめ》（周囲を壁で塗り固めた部屋）の引き戸が細く開いた。中からあらわれたのは、背丈が五、六寸（約十五センチ）ほどの装束をつけた五位たちで、十人ほどが馬に乗ったまま枕もとを通り過ぎていった。当時の物語では、精霊が人間に変身するときは五位か六位の姿になることが多い。恐怖のあまり、乳母が打ち蒔《ま》きの米を摑《つか》んで投げつけると、小さい五位はサッと消え失せた。打ち蒔きとは、邪を払うために蒔かれる白米のことをいう。

いよいよ恐ろしく感じていたら、夜が白々と明けた。乳母が枕もとを確認すると、投げた打ちまきの米のひと粒ひと粒に血がついていた。当初はその家に数日滞在する予定だったが、恐ろしいのですぐに引き揚げた。この話を聞いたある人は、幼い子の周囲に打ち蒔きをすべきことを強調し、またある人は打ち蒔きをした乳母をたいへん賢いと評した。こういうこともあるから、事情を知らない場所に気を許して宿を取ってはならない、とある。

これに追加したい一作も京都で起きた怪事件の話で、「灯油《あぶら》取り」の異名を持つ。題名は「仁寿殿《じじゆうでん》の台代《だいしろ》の御燈油《みあかしあぶら》を取りに物の来し語《こと》」（巻二十七・第十話）となっている。本作によると、その昔、醍醐天皇（八八五〜九三〇）の治世下だった延喜の時代に宮中で物の怪《け》の噂が立った。内裏にある仁寿殿の台代の燈油を真夜中に盗み、渡り廊下から南殿（紫宸殿《ししんでん》）のほうに逃げ去るという。これが夜な夜な頻発し、天皇は見捨てておけなくなった。

このとき源公忠《みなもとのきんただ》（八八九〜九四八）という殿上人が、正体を突き止める役目を志願した。さっそく拝命され、夜中に仁寿殿に身を潜めていると、怪しい者があらわれて燈油を盗んだ。重みのある足音だったが、姿は見えなかった。逃げようとするところを、公忠はすかさず飛びついて捕まえ、蹴りを入れると相手は油をこぼしながら逃げていった。強く蹴ったため、公忠が火をともして自分の足元を見たら、足の爪が剝がれていて血がついていた。

夜が明けてから改めて現場に行ってみると、蹴った場所に血の跡が点々と残されていた。さらには紫宸殿の塗籠の間にも、血が流れていた。塗籠を開けてみると、血のほかは何もなかった。天皇は公忠を評して、侍の家の者ではないが思慮と勇気があり、恐れることなく蹴ることができたのだろうと語った。それ以来、この物の怪は姿を見せなくなったという。

これら二作では、妖怪が血を流している。得体の知れない物の怪なりに、実体は備わっていることを示す赤い痕跡といったところなのだろう。それでもなおフィクションとして受け止めれば、流血の事態であっても、穢れ意識には結びつきにくい。少なくとも、卒塔婆や纐纈城の話にくらべると、映像的なリアルさは薄かった。

一方『今昔物語集』には、生身の人間の流血話もある。「陸奥前司橘則光、人を切り殺す語」（巻二十三・第十五話）は、陸奥国の前司《ぜんじ》（前任の国司・国守）だった橘《たちばなの》則光《のりみつ》（九六五〜?）の若い頃の逸話になっている。彼は侍の出身ではなかったが、思慮深く勇敢だとあり、この人物設定は源公忠に近い。ちなみに則光は、清少納言（九六六頃〜一〇二五頃）の最初の夫でもあった（『枕草子』第七十八〜八十段）。

その則光は、宮中の警備にあたる衛府《えふ》の蔵人《くろうど》として勤めていた。ある夜、太刀だけ携えて大内裏の御門から外出したら、大垣（いちばん外側の垣）のあたりにいた大勢の男たちに絡まれた。都合三人に斬りかかられたが、みな返り討ちにした。連れ出していた小舎人童《こどねりわらわ》に着替えを用意させると、血の付いた着物を隠し、何食わぬ顔で宿所にもどって寝た。

夜が明けると、やはり騒ぎになっていた。物好きな仲間の貴族たちに誘われて、則光も現場を訪れると、男たちの死体が昨夜のまま放置されていた。その傍らに髭面の三十歳ばかりの武骨そうな男が立っていて、自分が殺したと自慢し、詳細をもっともらしく語っていた。他人が勝手に名乗り出たことを則光は心の中で喜び、長らく真相を封印していた。年をとってから、子どもたちに語って聞かせたという。

これは平安貴族の時代に、武勇がどのように受け取られていたかを暗示しているようにも読める。貴族たちの目線で見れば、誇るべき武芸というよりは、粗暴さを感じさせる蛮行に近かった。無用な流血を招くことも、原則的には忌避されていたのだろう。それでも宮中での刃傷沙汰でなければ、血穢や死穢への抵抗感よりも、野次馬根性が勝ることもあったらしい。それはそれで、わりとリアルに感じられる。

†インドの生き胆伝承

生贄つまり生きたままの供物を捧げてきた日本でも、農耕文化が普及する以前は、土地柄によっては犠牲儀礼の風習も見られた。その場合に生命の根源として奉献されていたのは、動物の血液ではなく、不特定の臓器だった（千葉徳爾『狩猟伝承研究 後篇』一九七七年）。生命力の象徴として、血液と同じく臓器を重んじる考え方も世界的に見られた。日本では古くから「生《い》き胆《ぎも》」と呼ばれ、「生《い》き肝《きも》」とも書いた。「生き胆」が病気を治したり、場合によっては死から蘇らせる効力さえあると信じる人たちもいた。薬材としての効能が期待されていたのである。とくに猿の生き胆は、難病に効くという俗信があった。

『今昔物語集』にはインドの伝承も収められ、そのひとつに「生き胆」のことが出ている（巻五・第二十五話）。タイトルは「亀、猿のために謀《たばか》られたる語《こと》」といい、イソップ物語を連想させる寓話的な作風になっている。ルーツは古代インドのサンスクリット文学にあり、漢訳された経典をへて日本にも伝わった。

本作では懐妊した亀に腹の病気があり、その治療薬として猿の胆を欲しがる。夫の亀はみずから陸に上がり、ターゲットの猿を見つけると声をかけた。豪華なごちそうでもてなそうと嘘をつき、海中に導こうとした。つい騙されてしまった猿は、亀の背中に乗せてもらって海中を目指した。ところがこの亀はあまりにも馬鹿正直で、背に乗せた猿に向かって連れ出した本当の目的を語り出した。

真実を知らされた猿は、あなたにとって惜しいことだと口にした。なぜなら我ら一族の「生き胆」はもともと体内になく、住んでいるところの傍らの木に干してあるからだという。猿の言葉を真に受けた亀が陸地まで引き返すと、猿はスルスルと木の上に登り、亀を見下ろして罵倒した。体内にないわけがないだろう、というのである。逆に騙されたことを知った亀は、すごすごと海中に帰って行くしかなかった。

同系統の話は『沙石集』にも収録されている。「学生《がくしょう》（学僧）ナル蟻ト蟎《だに》トノ問答ノ事」（巻五・第八話）という一条があり、アリとダニの問答にはじまり、生き物たちが議論し合う話をいくつか並べている。その一話では、海中に住むキク（虬《きく》。蛇に似た生き物）が懐妊した妻の望みに応じて「猿ノ生肝」を取りに陸地に上がる。妻の病気のことは書かれていないので、妊婦にとって滋養になる食材なのかもしれない。

　現在に伝わる民話『猿の生き胆』では、設定や後半の展開が異なる。竜宮の乙姫が重病にかかり、猿の胆を食べさせれば治ると診断される。竜宮の王の命令を受けた亀が陸上に赴き、とある猿を騙して海中に導くところまでは順調だった。ところが猿は、竜宮城の門番だった海月《くらげ》たちが口にした同情のささやき声を耳にして、身に迫る危険を察知した。そこで木にかけたまま置いてある胆を取ってくるという口実をもうけて海底から引き返し、そのまま逃げ帰った。余計なことを口走った海月は罰として散々打ちのめされ、骨が砕けて現在のようなフニャフニャした姿になったという。そのため別の作品名を「海月骨なし」ともいう。

　犠牲をともなう「生き胆」が主題になっていても、結局本来の作戦は失敗する。だから凄惨な流血のシーンは描写されない。その意味でも『猿の生き胆』は、子ども向けだった。猿が主人公と考えれば、知恵や機転の勝利を伝える物語になり、猿に悟らせてしまったクラゲに焦点を当てれば、口が軽いのを戒める教訓話にもなった。

　しかしこれが人間の「生き胆」を取り出す物語になると、命にかかわってくるため、おのずと深刻な話になりやすい。そのタイプの物語も『今昔物語集』にあり（巻四・第四十話）、舞台は同じくインドとされている。タイトルは「天竺貧女、法花経《ほけきょう》を書写する語《こと》」といい、生まれつき言葉を発することができない王子を治癒するために「女の胆」が求められる。同系統の物語では、初期の作品に属する。

物語によるとインドに貧しい女がいて、家も蓄財も子どももなかった。子どもだけでもと思って神仏に祈願したところ、娘をもうけることができた。彼女は大変美しく成長したが、貧困のため夫をむかえることができなかった。母はせめて来世のために、法華経の書写供養を願った。書写供養とは、経文を書写して仏前に供え、法会《ほうえ》をいとなむことをいう。しかしやはり貧困のため、書写に必要な道具類も入手できなかった。

家計の苦しさを理解していた娘は、自分の髪を売るため旅に出た。めぐりめぐって王宮に入ったところ、貧しい身なりの男に襲われて殺されかけた。理由を尋ねると、ここの王子が生まれてこのかた声を発したことがなく、その治療には「長髪美麗、世に並び無からむ女の肝」が薬になるからと知らされた。

国王に面会した娘は、王子のために自分の命を捧げるのは厭《いと》わないと告げた。だが母の法華経供養のために旅に出たので、自分の死を知った母の悲しみを思うと忍びないと泣く泣く語った。その嘆きを目の当たりにした王子は、「王様、この娘を殺さないでください」と父親に告げた。生まれて初めて、彼が声を発したのである。国王をはじめとする人びとは歓喜し、娘は財宝を与えられて母のもとに帰り、法華経の書写供養をおこなったという。

人間の「生き胆」をめぐる物語は、少しずつアレンジを加えられながら、中世をへて近世文学でも描かれた。しかも命を救う決め手になるのは「生き胆」からしだいに「血」に移り変わっていく。この推移もまた、「血」のイメージが好転していったことを物語っている。その転換点となる近世に進む前に、中世社会の「血」について改めて掘り下げておこう。

第二章
中世

長者の娘を救うため、自分の心臓を提供した天寿姫(国文学研究資料館所蔵『阿弥陀胸割』)

1 義経記の人間模様

†源家の異母兄弟

日本語「血」の変遷をたどるにあたり、定点観測として設定してみたいテーマが判官物である。平氏や源氏の一族、あるいは義兄弟だった源頼朝（一一四七〜九九）と義経（一一五九〜八九）など、血縁関係の表現について調べる素材が多い。しかも鎌倉時代の軍記物から始まり、室町時代の舞曲（能楽の台本だった謡曲や、舞《まい》の本）をへて江戸時代の浄瑠璃や歌舞伎作品につながり、舞台設定が一貫している。そうして継承・発展していくうちに、用法がどう推移したのか、時系列に即してたどることができる。

九郎判官義経こと源義経を主人公とする判官物の作品群は絶え間なく生み出され、多彩な脚色がほどこされてきた。牛若伝説をはじめとする諸伝説については、『義経記《ぎけいき》』が画期になった。大筋で実話をふまえていた従来の義経物語に対して、新たな逸話をいくつも創作している。いわゆる判官贔屓によって脚色されたのは、武将としての活躍時代よりも、それと前後する不遇の時期が多い。母の常盤御前《ときわごぜん》や妾だった静御前《しずかごぜん》の境遇、従者となった武蔵坊弁慶（？〜一一八九）の活躍も、前面に押し出されていく。

　どのような物語でも、登場人物の出自といった基本情報は通例最初に出てくる。『義経記』（全八巻。木活字本）巻一の「牛若鞍馬入りの事」では、鞍馬寺《くらまでら》の別当《べっとう》（僧官の位で、大寺の長）のもとに預けられることになった牛若丸が「義朝の御末《おすえ》の子牛若殿」と紹介されている。そこには、末っ子の敬語の「御末」がある。続く「しやうもん（正門）坊の事」の条では、義経が「清和天皇の十代の御末」で、父親だった源義朝の「御子《おこ》」だと知らされる場面があり、こちらの「御末」はご子孫の意味になっている。

　漢字の「末（すえ・マツ）」は、末永くといった前向きな意味を持ち合わせながらも末路の哀愁が漂いやすい。そこで敬意を伝えたいときには、手前に「御」を付けて「御末」の形にするなどした。「末」が「木」の字をベースにしてつくられていることからすれば、植物由来の血統の表現でもある。子孫のことをいう「末」には「末裔」「末葉」「末流」のほかに訓読みの「末々《すえずえ》」などもあった。末っ子に関しては「末子（マッシ・バッシ）」とも称した。

　初期の源平合戦が描かれた『平治物語』（古活字本）では、牛若丸が十一歳の頃に「諸家の系図」を見て自分が清和源氏の嫡流であることを知る。それを機に、平氏の討伐を決意する。そこにある「系図」も、今でいう血統の代用になった。その「系図」に記載されていた源氏の系譜は以下のとおりで、「末」の字を含む「末葉」のほかにも「御苗裔」といった植物素材の血統の表現が見られる。

清和天皇より十代の御苗裔
六孫王より八代
多田の満中が末葉
伊与入道頼義が子孫
八幡太郎義家が孫
六条判官為義が嫡男
前左馬頭義朝が末子

合戦の場で遭遇した敵に、声高々と本国・家系・氏名・年齢などを告げ知らせる名乗《なのり》（名告）の文句にも、同じような連ね方が出てくる。
植物が生成する姿を借りた表現のうち、タネ（胤・種）と称するときには父方の系譜が意識された。鎮西八郎為朝《ちんぜいはちろうためとも》こと源為朝（一一三九〜七七）の活躍を中心に描かれた『保元物語《ほうげんものがたり》』中巻にも、つぎのような用例がある（「白河殿へ義朝夜討ちに寄せらるる事」）。為朝が平清盛の部下に浴びせかけた言葉である。

平氏は桓武の後胤といへども、皇胤はるかに隔りたり

桓武天皇の「後胤」だった平家も、今や「皇胤」つまり皇統から遠く隔たり、落ちぶれたものだと言い放っている。父系を念頭に置いたタネは、こういう形で語られた。さらには代々の父系だけでなく、特定の父と子とのつながりをいうのにも使えた。「落胤《らくいん》」「落とし胤《だね》」といえば、正妻以外の女性に産ませた腹違いの子のことで、「種が変わる」といえば母親が同じで父親が違っていることを意味した。

父親を意識した「種」に対して、母親が意識されるときには「腹」が用いられていた。前妻の子をいう「先腹」に対して、後妻の子を「後腹」とか、現在の「当腹」などと称した。反対に、共通の母親から生まれた子には「一腹」「同腹」や「同胞（ドウホウ・はらから）」が使われた。同じ母の子であることを強調したいときには、「同胞一腹」などと二語を重ねて用いることもある。頼朝と義経は「先腹」「後腹」によってあらわされた異母兄弟の有名人だった。

✝兄と弟の対立

植物を育てるのに欠かせない水や、その水流もまた血筋を形容するのに使われた。『日葡辞

書』に収録された「流れ」の項目では、水流のほかに「血筋」や「子孫」といった二次的な意味もあると付記されている。源氏すなわちミナモト氏は、そもそも漢字の成り立ちから見て、水の流れと縁が深かった。

水源を意味する「源」の字が成立するまでには、ちょっとした前史があった。元来は崖《がけ》（厂）の下から「泉」が湧き出ている姿を形容した「原」の字が使われていた。おおもとをいう「原」は、今でも「原因」「原始」など身近なところに残っている。ところが野原の意味にも転用されるようになり、そちらが主流になってきた。ついには「原」の字から水源が連想されにくくなり、そこで改めて水（さんずい）を書き足した「源」の字ができた。そのミナモトを姓に持つ源氏の血統が、水の流れに見立てて表現されていた。

ミナモトが意味するところは、当の頼朝もよく自覚していた。『義経記』巻三の「頼朝謀反の事」には、平氏追討に立ち上がった頼朝の足取りが描かれている。伊豆国《いずのくに》（静岡県）を船で漕ぎ出た頼朝一行は、源氏に心を寄せる三浦氏の一族が暮らす相模国《さがみのくに》（神奈川県）の三浦郡（横須賀近辺）を目指していた。ところが折からの強風で、仕方なく安房国《あわのくに》（千葉県）の洲《す》の崎《さき》（館山《たてやま》付近）に漕ぎ寄せた。地元の滝口明神に源氏の武運を夜通し祈願したところ、夜更け頃に神社の宝殿の扉が美しい手で押し開かれた。そして明神のお告げともいえる、一首の和歌が詠まれた。

源は 同じ流れぞ 石清水 たれ堰《せ》きあげよ 雲の上まで

この地にある滝口明神は、源氏の氏神だった石清水《いわしみず》の八幡と同じ流れを汲んでいる。だから一心に信仰してその恩沢を汲み上げ、源氏の尊い命脈を天下に押し上げるよう尽力しなさいと要請されたのである。ハッと目が覚めた頼朝は心から明神を拝み、その返歌を奉った。最初の三句まで同じ内容の、本歌取《ほんかどり》ともいえる作風になっている。

源は 同じ流れぞ 石清水 堰きあげて賜《た》べ 雲の上まで

頼朝は源氏の再興が実現するためのご加護を祈願して、頂戴した歌の返歌とした。ここでいう石清水の水源は氏神の時代にさかのぼり、彼らの意識の上では源氏の血統に近い。切なる願いが天に通じたのか、頼朝の軍勢は幅広く支持されて勢いを得た。これに続く「頼朝謀反により義経奥州より出（で）給ふ事」の条では、奥州平泉（岩手県）の藤原秀衡《ふじわらのひでひら》（一一二二?～八七）のもとに逗留していた義経が頼朝の挙兵を知って立ち上がる。弁慶や伊勢義盛《いせのよしもり》、佐藤兄弟らの義経四天王たちを従え、伊豆国に馳せ参じている。

治承四年（一一八〇）八月に頼朝が挙兵したとき、平泉を離れた義経は同年十月、黄瀬川の陣で頼朝と初めて対面を果たした。その二人の関係は「兄弟」とだけ書かれている。義経が頼朝の面前に連れて行かれ、兄弟であることが確認される場面でも、くり返されるのは「兄弟」の二文字だった。彼らと義朝との関係についても、単に「親子」「子孫」と語られている。手前に「血を分けた」といった修飾はついていない。

こうして「兄弟」の対面が実現したものの、結束が固かった期間は短かった。梶原景時《かじわらかげとき》（?〜一二〇〇）の讒言《ざんげん》が引き金になり、後白河法皇（一一二七〜九二）と接近した義経は頼朝に怪しまれた。そのため鎌倉にいる頼朝に会うことを許されず、腰越《こしごえ》で足止めされてしまった。義経は身の潔白を釈明しようと、鎌倉の公文所の長官だった大江広元《おおえのひろもと》（一一四八〜一二二五）に申し状をしたため、兄のもとに届けてもらうよう頼んだ。

書状の文面は『吾妻鏡《あずまかがみ》』の元暦二年（一一八五）五月二十四日の条に収録され、やがて「腰《こし》越状《ごえじょう》」と呼ばれるようになった。名文として知られた腰越状は『平家物語』『義経記』などにも採録されている。いずれも文章は、ほとんど変わらない。

この書状には、身近な血縁関係をあらわす伝統的な表現が詰まっている。『義経記』の腰越状では、兄弟の絆といえる「骨肉同胞の儀」が尽きてしまったのは前世の因果でしょうかと兄に語りかけている。自分の生い立ちを振り返った箇所には「義経身体髪膚を父母に受け」云々とある。この世に生を受けてから間もなく父の義朝が斬られ、それ以来心の休まる機会は片時もなかったという。幼少期にさかのぼる辛い身の上を兄に訴えかけた中に『孝経』の「身体髪膚」が引かれている。

おもに『義経記』の前半の名場面から選び取ってみた印象では、血筋の表現には伝統的な表現が多用されていた。代々伝わる血統を表現するときと、身近な血縁関係をあらわすときには、別系統の言葉が用いられていたことがわかる。

†四天王の末路

軍記物であるからには、刀を交える場面が随所にあり、『義経記』も例外ではなかった。それでも血の穢れを意識し、流血の事態を避けようとする場面もある。たとえば巻二「義経鬼一法眼が所へ御出の事」には、神社での流血について「社壇に血をあへ（雫）さんも、神慮の恐《おそれ》あり」と書かれている。秘蔵の兵法書を義経に盗み読まれ、怒り心頭の鬼《き》一法眼《いちほうげん》が刺客を送る一幕で、五条天神に誘い出された義経はひとまず天神に勝利を祈った。しかし社殿での乱闘による流血が「神慮の恐あり」と思い直し、しばらく相手の出方をうかがっている。

父の亡骸《なきがら》に「血を雫す」という言い回しにすれば、武士の子として父や先祖の名声を汚すことをあらわした。この「父の屍《しかばね》に血をあやす」話は、義経四天王として知られた佐藤兄弟の逸話にも出ている。兄の継信《つぐのぶ》（一一五八～八五）と弟の忠信《ただのぶ》（一一六一～八六）は、義経が奥州平泉で藤原秀衡の庇護を受けていた時分からの郎党だった。

平泉を出立した義経を追いかける前、佐藤兄弟は老いた母の住む郷里の陸奥国の信夫庄《しのぶのしょう》（福島県北部）に立ち寄って暇乞《いとまご》いをした（巻五「忠信吉野に留まる事」）。母親は当初、息子たちの袖にすがりついて嘆き悲しんだ。それでも彼らの身の安全を祈りながら、気丈な態度で「臆病の振舞して、父の屍に血をあへし給ふなよ」と語りかけた。合戦の場で臆病風に吹かれ、亡き父に恥をかかさないよう息子たちにうながしている。

母の言葉にあった「血をあやす」ないし「あへす」は、今でいえば顔に泥を塗るといったものに近い。そういう不名誉な行為に及ばないよう警告するとき、不浄な「血」を借りて語られるこの慣用句は、きわめてリアルで実感がともなっていた。

亡くなった人の「屍」は、略して「尸」とも書かれた。文脈によって遺体の意に読めることもあれば、遺骨に限定されることもあった。その点「父の屍に血をあへす」のは想像上の光景なので、あえて骨だけの姿をイメージする必要もなかった。その安らかな遺体に、ひどい仕打ちをする意味でも「血をあへす」ことは大いなる親不孝だった。

出産にともなう産褥《さんじょく》も、中世社会の「血」のイメージを、より暗いものにしていた。巻六の「静若宮八幡宮へ参詣の事」では、静御前が産後に若宮八幡宮へ参詣しようと思い立つ。そのときに母の磯禅師《いそのぜんじ》が「八幡はあら（荒）血を五十一日忌ませ給ふ」と語りかけ、分娩にともなう出血の「あら血」を懸念している。

巻七に収録されている「愛発山《あらち》の事」にも、産褥の「荒血」が出てくる。題名にある愛発山は「荒血山」とも書き、現在の福井県敦賀市《つるが》の南部に位置する。その地域を義経一行が東に進んでいたとき、かつて「あらしいの山」と呼ばれていた山が「愛発の山」と呼ばれるようになった経緯について、義経と弁慶の間で議論になった。このとき義経は、京都から東に向かった者が足を踏み外して足から血を流したのが名称の由来だと説明した。

この起源説に対して、弁慶が異論を唱えた。その理屈が通用するなら、全国にある険しい山はみな「あら血山」になってしまう。だからそうではなく、加賀国《かがのくに》（石川県）の下白山《しらやま》の女神がこの山で出産したときに荒血がこぼれたので、「あらち山」になったと主張した。いわば産褥起源説である。もちろん義経は弁慶に教えられるまで、愛発山の地名の由来は知らなかった。その上で、そんなことは言われなくても知っていたと冗談めかして答え、おたがいに笑い合って、この場面は幕となっている。

義経は追捕《ついぶ》の手をかいくぐって奥州に逃げ延び、正妻の郷御前《さとごぜん》（一一六八～八九）と子どもたちをともなって平泉に身を寄せた。奥州藤原氏の豪族だった秀衡は、頼朝の勢力が奥州に及ぶことを警戒し、義経をかくまって鎌倉に対抗しようとしたが病没した。秀衡の跡を継いだ泰衡《やすひら》

（一一五五〜八九）に対して、頼朝は義経を捕縛するよう朝廷を通じて強くはたらきかけた。再三にわたる圧力に屈した泰衡は、義経の指図を仰げという父の遺言を破って義経らを襲撃し、郎党たちもことごとく討たれている。

さすがに死闘の場面では「血」の描写が増え、時にはあえて生々しく描かれた。『義経記』の最終巻となる巻八の後半に置かれた「衣河合戦の事」には、弁慶の最期を描いた衣川立往《ころもがわたちおう》生《じょう》がある。果敢に敵陣に突進した弁慶は喉を切られて流血し、並大抵の人なら「血酔《ちえい》」してしまうだろうと評されている。これはひどい出血を見て、酔ったような気分になることをいう。しかし弁慶は「血そばへ（戯）」した。自虐や悪ふざけ、あるいは豪胆さを見せるつもりで、自分の首から胸にかけての流血を母衣《ほろ》に見立てた。母衣とは鎧の背に背負って矢を防ぐ道具のことで、これが前にもあるようだと気丈な言葉を吐いている。

同じ『義経記』でも、さらに細かく探していけば、死や穢れを感じさせる「血」の記述を拾い上げることができる。それでも源平の物語全体を見渡せば、どれほど激しい戦闘の場面でも、露骨な流血の描写は思いのほか少ない。一部の例外を除けば、たとえ合戦の場面でさえ淡泊で文章量も少ない。その最たるものが『平家物語』だった。もっとも流布した覚一《かくいち》本では、まったくといっていいほど生々しい流血が語られていない。そもそも琵琶法師による血腥《ちなまぐさ》い語り口は、当時の聴衆の好みに合わなかった。

2　信心と逆転劇

†脚色された景清物

判官物と同じく、源平のドラマのサイドストーリーだった景清物《かげきよもの》は、神仏の霊験物語でもあった。景清とは、平家の残党だった武士の藤原景清（?～一一九六）のことをいう。父の忠清《ただきよ》（?～一一八五）は、保元の乱で平清盛の軍に侍大将として先陣を務め、源氏方の荒武者だった源為朝と戦った。その後も忠清をはじめとする藤原氏は平氏に仕え、息子の景清も俗に平姓で平景清と呼ばれている。

景清の名は『平家物語』にいくつか拾い出せるが、まとまった記載は巻十一の「弓流《ゆみながし》」がほとんど唯一といってよい。屋島の戦いで義経の奇襲を受けて海上に逃れた平家方のうち、果敢に引き返して上陸した三人の武士の一人が景清だった。逃げようとする源氏方の美《み》尾屋《おのや》十郎《じゅうろう》の錣《しころ》（兜の部位で左右に垂れた首の覆い）をつかんで引きちぎり、長刀《なぎなた》に刺して高らかに名乗を上げ、味方の士気を高めている。

平氏の都落ちに随行した景清は、壇ノ浦の戦いで敗れて捕らえられた。どのような最期だったのか、その点については長門本や延慶本《えんきょう》など『平家物語』諸本でも書き方が異なっている。降人《こうにん》（降伏した人）となった景清が常陸国《ひたちのくに》（茨城県）で法師になり、東大寺の大仏供養の日に干《ひ》死《じに》した後日談もある。

謡曲の『景清』では、日向国《ひゅうがのくに》の宮崎で盲目の流人となっていた景清のもとに、娘の人丸が従者を連れてはるばる訪ねてくる。娘は合戦の物語を聞きたがり、景清は屋島の戦いの模様などを披露した。錣を引きちぎった腕力の強さを仲間に感心されると、逃げた相手の首が強かったとユーモラスに答えている。一通り語り終えたのち、景清が娘に永久の別れを告げて泣き伏すところをもって物語は終わる。こうして景清の後日談が独立した物語として描かれるのは、謡曲や幸若舞《こうわかまい》などの景清物からだった。

覚一本『平家物語』巻十二に収録された「六代被斬《きられ》」では、平家一門の滅亡後に奈良の東大寺で大仏供養がなされる。その際、景清ではない平氏の残党が頼朝を狙って捕らえられ、六条河原で斬り捨てられる。のちに書かれた謡曲の『大仏供養』では、景清が残党の侍として頼朝をつけ狙う。景清の執念を描いた『大仏供養』に対して、謡曲の『景清』では父娘の悲哀が押し出され、景清物の二つの原型が示された。

幸若舞の『景清』では、景清が頼朝の命を狙う。正体を見破られると、尾張国（愛知県）の熱田《あつた》神社に逃げ込み、妻の父だった熱田の大宮司のもとに潜伏した。ちなみに史実として熱田の大宮司を舅《しゅうと》に持っていたのは源義朝であり、設定が置き換えられている。

本作では、報奨金に目がくらんだ妻が夫を訴え出たため、大宮司は人質に捕らえられた。景清は出頭して投獄された。日頃から信仰していた清水観音の力添えにより、牢を破って清水寺に参詣したものの舅の受難を恐れて自首し、ついに斬首された。ところが清水観音が身代わりになり、首のない仏体から血が滝のように流れていた。当の景清は、無傷のまま獄中で生きていた。この霊験に感じ入った頼朝は、景清を釈放することにしたという。

仏教思想が社会的な影響力を保っていた中世社会では、このような「血」の霊験物語が尊ばれていた。神仏の慈悲心のあらわれとして語られる流血に限っては、不浄さと無縁だった。これもまた、現在は失われた中世的な「血」の姿だった。

†身代わりの阿弥陀像

生まれつき声が出ない王子の物語（『今昔物語集』）では、「生き胆」が奪われる前に問題が解決されていた。これはこれで、ハッピーエンドだった。それでもやがて、本当に「生き胆」が取り出される物語も創作されている。すると提供者は命を落とすしかなく、犠牲者が出てしまうと、物語はめでたく終われない。そうならないために、景清物のような身代わりの要素を加味した霊験物語が、新たに生み出されていった。

江戸初期の古浄瑠璃《こじょうるり》『阿弥陀胸割《あみだむねわり》』（慶長十九年、一六一四頃初演）では、阿弥陀像が人間の身代わりになる。物語の舞台はインドで、古活字本の『阿弥陀胸割』（慶長～元和頃刊）によると、富豪の娘だった松若が病気になった。易者を呼んだところ、難病で薬も祈禱も効果がないと診断された。唯一の方法は、彼女と同じ生年月日の娘を買い取って「いききも（生き胆）」を取り出し、延命水という酒で七十五回洗い清めて服用させることだった。

長者は真の目的を伏せたまま、同い年の娘なら金に糸目をつけず買い受けると書いた立札を立てた。たちまち三百人も集まったが、生年月日まで一致する娘はいなかった。最後に名乗り出て、条件が合うことがわかった天寿姫は父母に先立たれ、弟しか身寄りがなかった。長者が「生き胆」を取るという真の目的を泣く泣く明かすと、彼女はそれを受け入れた。そのかわり、亡き父母のために御堂《みどう》の建立と阿弥陀三尊像の造立を希望し、長者はすぐに手配した。これで思い残すことがなくなった天寿姫は、御堂に手を合わせてから山麓の宿で自害し、付き添いの者に「生き胆」を取らせた。

それを指示通り処方して与えられた松若は、その日のうちに快癒した。事情を知らされた彼女は天寿姫のことを不憫に思い、みずから姫を探すため宿に出向いてみた。すると遺骸はなく、血の跡だけが広がっていた。そこで御堂に行ってみると、天寿姫と弟が眠っていて、安置されていた阿弥陀如来の「胸」が割れて膝まで血が流れていた。いったんは命を落とした天寿姫も、こうして無事に生き返ることができ、話はめでたく結ばれる。身代わりの部位が阿弥陀像の「胸」とされているので、この場合、姫の「生き胆」とは心臓のことなのだろう。

この『阿弥陀胸割』については、成立するまでの系譜と類話に関する研究がある（粂汐里「阿弥陀胸割の成立背景――法会唱導との関わり」『総研大文化科学研究』一二、二〇一六年）。それによると、幼い少女が身売りをして阿弥陀が身代わりになる場面こそ、中世以前の説話群には見られない独自の部分だった。

胸を割られて血を流す『阿弥陀胸割』の阿弥陀像については、イエス像が投影された可能性が早くから指摘されている（和辻哲郎『日本芸術史研究　歌舞伎と操浄瑠璃』一九五五年）。身代わり、自己犠牲という点で共通性が高く、上演された当時の社会状況とも無関係ではない。本作の上演は慶長十九年（一六一四）に集中し、その前年には徳川家康（一五四三～一六一六）がキリスト教の禁止令を出していた。この頃から長崎での大殉教（元和八年、一六二二）にかけて、国内でキリシタンの迫害や殉教が苛烈になっていた。

すると『阿弥陀胸割』は、インド発祥の物語が日本に伝わり、さらにヨーロッパ的な思想を加味された作品だったといえる。かつてなく異質な文化が融合した末に、特異な霊験の物語が創案されたと見てよいのだろう。

†無縁寺から縁切寺へ

血のつながりをあらわす現代語「血縁」の「縁」は、仏教語に由来する。思いがけない出会いや別れを「機縁」や「因縁」にして人の心に去来し、前世からの因果や宿業などが意識されていた。血縁・非血縁を問わず、さまざまな人間関係が交錯する源平の物語でも、しばしば「縁」や「無縁」が語られていた。観音や阿弥陀如来による身代わりも含めて、仏に救われる「機縁」があることは「有縁《うえん》」とも表現できた。

その点、今の「血縁」関係は現世の人間のつながりの有無や、親疎しか伝えない。誰かの人生に変転が生じても、「血縁」の関係性自体は変わらない。いわば静の「血」と、動の「縁」は、基本的に折り合いが悪かった。現に「血縁」の形で接合されて定着するまでに、かなりの時間を要した。その相性の悪さを乗り越えて、一語になるまでの前史について、ここで取りまとめておきたい。

『日葡辞書』にある「縁」の解説は、すべての収録語彙の中で随一といえるほど長い。最初に輪廻や前世とのかかわりに言及してから、実社会でどのような用法につながっていくのか例示されている。つぎに「血族関係や姻戚関係その他の諸関係」とあり、「血族関係」以外にもさまざまな人間関係が取り込まれている。そのあとは「兄弟の縁、君子の縁」が損なわれるケースを取り上げ、「縁が尽きた、縁が朽ちた」末の離別や離職に触れている。

解説の終盤では「無縁の人」について「親戚も友人などもない孤独な人」と記されている。「縁が尽きた、縁が朽ちた」末に行き着く孤立無援の境遇であり、悲しい「無縁」に言及して長文の説明が締めくくられている。いわば「縁」の逆を行く「無縁」もまた、事態の変転を機縁として心に去来し、しばしば出会いよりも別れを契機にして意識されていた。しかも現世で再会の見込みが残されている生き別れよりも、それが叶わない死別によって思い知らされる「無縁」の悲しみは痛切だった。

私たち現代人も仕事や結婚、あるいは特定の趣味のようなことに至るまで「縁がない」とか「縁遠い」などという。それらは基本的に、現在に至るまで体験したり所有したりした覚えがないことを意味している。もとからないことをいう表現であり、持っていた状態から失われたときの落差にともなう悲しみはない。程度の違いはあっても、手が届かなくて残念な気持ちをあらわしたにすぎない。それにくらべると古語の「縁」のなさは、大切なものが失われる痛切な悲しみがともなっていた。

ただし悲しむばかりが「無縁」ではなく、人知を超えた部分を逆手に取ったしたたかさも存分に発揮されていた。自分に悪影響を及ぼす「悪縁」から逃れて、新たな再出発となる「無縁」の状態に至る筋道も模索されていたからである。悪（マイナス）から無（ゼロ）へのシフトは、相対的に見れば事態の好転でもある。その意味で「無縁」イコール悲惨ではなかった。好ましくない相手から意図的に距離を置いて実現する「無縁」は、政略結婚のようにみずからたぐり寄せる出会いの「縁」の裏返しといえる一手でもあった。

さらに実社会には、個々の人間関係の枠を超えた組織的な「無縁」も形づくられていた。時の権力者から距離を置き、不可侵の領域を守りたい組織や集団は、おそらくいつの時代もいる。彼らにとっては、社会環境から離れているという意味での「無縁」地帯に縄張りをもうけて陣取るのが好都合だった。そういう意図から造成された治外法権的なエリアは「無縁所」「公《く》界《がい》」などと称された。為政者の干渉を排除し、独自の存在感を放っていた（網野善彦『増補　無縁・公界・楽』一九八七年）。

意図的に切り離したい「縁」であれば、今なら「切る」つまり「縁切り」と表現される。その「切る」感覚が普及したのは、江戸時代に入ってからだった。中世社会ではおもに「無縁」が使われ、字面の上では「無」から「切」に移り変わっている。その点については、離婚の解釈と連動している部分がある。離別を決意した妻が駆け込んでいた江戸時代の「縁切寺」については、前身として室町時代の「無縁寺」が想定されている（高木侃『三くだり半と縁切寺』一九九二年）。「無縁寺」は公権力を排除していた「無縁所」と似て、前夫とのつながりを排除し、再婚に向けての新たなステップにする分岐点の役割を果たしていた。

不可侵の「無縁所」や「公界」は、時の公権力にとって不都合な存在だった。そこで江戸幕府は、都市整備を進める過程で段階的に排除していった。各地の仏教寺院については、地域の住民がキリシタンでないことを証明する寺請制度の一環として、墓所を管理する役目を担わせた。いわゆる葬式仏教の確立である。

江戸時代の「縁切寺」といえば、離婚が困難な女性が駆け込んで達成される尼寺が知られている。その「縁切寺」は中世の「無縁所」ほど社会的に独立性を保った場所ではなく、個人レベルでの離婚に対処する役割を果たしていた。やがて寺に頼る機会も減って手続きも略式化され、配偶者である夫や妻、あるいは妻の父兄に離縁状を交付することで成立した。夫が好き勝手に離婚できたわけではなかった。マニュアル化も進んで、「三行半《みくだりはん》」という俗称まで生まれている。

そこでいう「離縁」の「離れる」もまた、事実上は「切る」ことに等しく、人為的な部分が感じられる。前世や来世が想定されていない世俗の「縁」の広がりは、のちの「血縁」に近づく第一歩でもあった。

3　仏教思想と血脈

†浄土真宗の三代伝持

インドから中国経由で渡来した仏教思想は、殺生による無益な流血を嫌う。それでも本質的には、血液をタブー視していなかった。生命力やエネルギーを感じさせる「血」の用法もあり、仏法の一子相伝をあらわす「血脈〈脉〉」がその最たるものだった。この語はケツミャクないしケチミャクと読み、体内の隅々にまで赤い「脈」が行き渡っているさまを仏法の継承になぞらえていた。仏の教えを師から弟子へと受け継いで伝えていくことを「血脈相承《そうしょう》」「師資《しし》〈師弟〉相承」ともいう。その命脈が途絶えないことを「血脈不断」とも称した。

実際のところ、「血」のめぐりについて共通の認識が成り立っていたかどうかは定かでない。だが、おそらくそこはあまり問題にされていなかった。というのも同義語に「法脈」があったように、実質的には「脈」が本体だったからである。類語には「法灯」もあり、ぜひとも「血」でなくともよかった。それでも「血脈」が通用していたのは、観念的で実際の流血をともなわず、忌避の対象にならなかったからなのだろう。

ところで現代語の「血脈」には、血筋の意味がある。そこから過去にさかのぼった場合、仏教語の「血脈」が血筋の意味に読み替えられた可能性はないのだろうか。とりわけ古代や中世の仏教で、語義の変化が生じていなかったのだろうか。その意味で、僧職が世襲《せしゅう》つまり血筋で継承されていた浄土真宗は注目に値する。

浄土真宗は親鸞《しんらん》（一一七三〜一二六三）を開祖とする仏教の流派で、阿弥陀仏の浄土に生まれて悟りを開くことを目指していた。師の法然《ほうねん》（一一三三〜一二一二）の門弟として、親鸞は浄土教の教えを受けた。師の法難（念仏教団への禁圧）に連座して越後国《えちごのくに》（新潟県）に流されたのは、大きな転機となった。その地で恵信尼《えしんに》（一一八二〜一二六八？）と結婚し、善鸞《ぜんらん》や末娘の覚信尼《かくしんに》（一二二四〜八三）らをもうけた。勅赦《ちょくしゃ》によって許されてからも京都に帰らず、常陸国《ひたちのくに》、信濃国《しなののくに》（長野県）、下野国《しもつけのくに》（栃木県）などを教化《きょうけ》して回った。阿弥陀への帰依こそ往生への道とみなし、万人の救済を説いた。

末娘の覚信尼は、常陸国の出身だった。親鸞が九十歳で亡くなってから十年後に、親鸞の墓を改葬して遺骨や像を安置した。これを覚信尼の子孫が管理していくことに定めたのが、現在の本願寺の始まりである。善鸞の子の如信《にょしん》（一二三五〜一三〇〇）が本願寺の二代目、覚信尼の孫の覚如《かくにょ》（一二七一〜一三五一）が三代目を受け継いだ。覚如は親鸞の曾孫《そうそん》（ひ孫）にあたり、実質的に本願寺を創建した。こうした世襲による継承がもとになって、浄土真宗では住職の妻帯

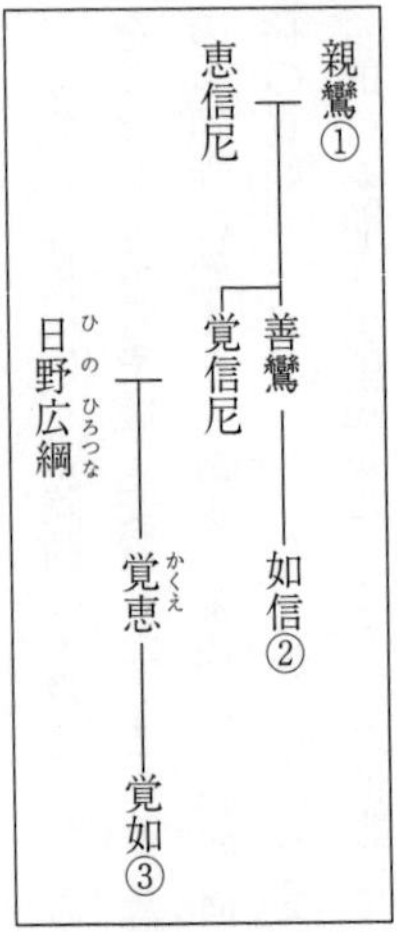

図1　親鸞の系図。本願寺の系譜は①親鸞、②如信、③覚如。「三代伝持」は①法然、②親鸞、③如信。

を認めるのが特色になっていった（図1）。

その覚如がまとめた『改邪鈔《がいじゃしょう》』（建武四年、一三三七撰述）の奥書では、法然から親鸞、如信と続いた「三代伝持《さんだいでんじ》之血脈《のけちみゃく》」の大切さが説かれている。その上で、自分がその「血脈」の正統な継承者だと主張している。覚如によれば、「三代伝持」とは師弟関係をあらわす「師資相承の血脈」であり、法然が「曾祖師」で親鸞が「祖師」だという。

ここでいう「曾祖師」とは、祖父の父のことをいう「曾祖《そうそ》」と師匠の「師」を組み合わせたもので、三代前の師匠をあらわした。同じく「祖師」は、二代前の師匠のことだった。おたがい血縁関係にあるのか、ないのかは問われていない。現に如信から見て「曾祖師」にあたる法然は非血縁の間柄であり、「祖師」とされる親鸞は血のつながった祖父だった。

むしろ世襲の血族であることをあらわす際には、「血脈」以外の表現が用いられていた。そのきっかけは、世襲が慣例になって歴代の法主《ほっす》の親族が増えたことによる。そこで統制のために序列をもうけることになり、新たな呼称が生み出された。本願寺の法主を受け継いだ血族のうち、嫡流は「一門衆」と呼ばれるようになった。これは真宗の中興の祖とされる第八代の蓮如《れんにょ》（一四一五〜九九）のときに正式に認知され、続く第九代の実如《じつにょ》（一四五八〜一五二五）のときに制度化されている。具体的には、実如が自分の兄弟つまり蓮如の息子たちを「一門衆」と定め、法主の補佐や地方の門徒らの統括にあたらせた。

対する庶流のことを「一家《いっけ》衆」といった。こうして「一門」および「一家」という二つの「衆」が、真宗教団の中核となる血族をあらわした。一子相伝の「血脈」ではなく、血のつながった子孫の広がりを伝える「衆」でもあった。

ところで少し触れたように、かつて法然らとともに弾圧を受けた親鸞は越後に流されていた。のちに京都に帰ってくる前の二十年近くは、関東での教化に努めている。その頃、下野国の高田で親鸞の門弟になった真仏《しんぶつ》（一二〇九〜五八）からはじまったのが、世襲を慣例としない高田派だった。この一派が、のちに関東で真宗の一大勢力に発展している。とくに第十代の真慧《しんね》（一四三四〜一五一二）が室町時代から戦国時代にかけて活躍し、蓮如の本願寺に対抗するため東海や北陸地方に進出をはかった。その真慧がまとめた『十六問答記』（明応三年、一四九四成立）という、問答体の記録がある。そこでは本願寺派の存在を念頭に置いて、僧職が世襲されていくのを批判している。

真慧によると、仏法では「譜法血脈」といって、どのような宗門でも大切にしている。しかし近頃は、親から子に仏法が相承されていくものと心得ている者がいる。本来あるべきなのは仏法の伝授なのだから、非血縁の「他人」でも「相承血脈」である。逆に「師」の子どもでも「本師（法然）」から仏法を伝授していないのなら「血脈」ではない。つまり「他人」からの「相承」も含めた「血脈」であるからには、血筋だけの話ではないという。

これもまた覚如の『改邪鈔』とは別の意味で、伝統的な「血脈」が語られた具体例になっている。血筋のことをいう現代的な「血脈」への道のりは、思いのほか険しいのだった。

†血の池地獄説

鎮護国家を唱えた奈良仏教の時代には、公に出家を認められた官僧《かんそう》（官僚僧）が増えていた。しかし原則的に官僧と葬儀は切り離され、彼らが葬式にかかわる機会はなかった。死穢との接点も、当初は限定的だったのである。その官僧たちが穢れを意識するようになったのは、神事にたずさわるようになってからのことだった（松尾剛次『葬式仏教の誕生――中世の仏教革命』二〇一一年）。

平安時代も後期になるほど、神仏習合が進んだ。官僧による神前読経がなされるようになるにつれて、彼らは穢れを忌避するように努めた。天皇に奉仕して法会に臨む以上、穢れの忌避は必須の心得だった。仮に参内する前に人の死に接するなどして自身の体が穢れたら、規定に応じて謹慎しなければならなかった。

　鎌倉時代になると、仏教と葬式とのつながりが生じてきた。新仏教と総称されている鎌倉仏教では、官僧よりも在野の遁世僧《とんせいそう》が担い手になっていた。彼らは僧職から離脱して仏道修行に専念し、従来の鎮護国家といった壮大な事業よりも個々人の救済を優先した。とくに禅宗や律宗、念仏僧らが中心となって、民間の信徒に向き合った。葬送を望む遺族にも寄り添い、穢れをものともせず葬儀を執り行った。しかしそれにともなって、仏教でも穢れ意識が顕在化している。

　外来思想の女性観が、国内の穢れ意識と結びつくこともあった。ひとつの典型が「五障《ごしょう》」「三従《さんじゅう》」にもとづく血の池地獄説である。「五障」とは、女性が修行しても仏になれない五つの障壁のことをいう。また「三従」とは、女性が未婚の段階では父親に従い、結婚したら夫に従い、夫が死んだら子に従うべきことをいう。

　どちらも釈迦の言葉ではなく、仏教が誕生した頃のインドで主流だったヒンドゥー教に由来する女性観と考えられている。仏教でも議論の対象になったことで取り入れられた形になり、中国をへて室町時代の日本にも伝わった。具体的には『血盆経《けつぼんきょう》』が伝来し、普及する過程で「五障」「三従」の女性観と血の穢れが結びつけられた。

　この経典はインドに存在しない。十世紀以降に中国で作られ、明や清の時代に流布し、流血に至る罪を犯した者は血の池地獄に堕ちると説かれていた。そこから転じて月事が仏教的な罪業によるものとみなされ、女性が堕ちる血の池地獄という解釈が生み出された。その地獄から救済するための経典として、『血盆経』への帰依が説かれていた。日本では亡き母を追善するために書写されるようになっている。伝統的な「血」のマイナスイメージが増幅され、信仰に結び付けられた事例だった。

この『血盆経』信仰は、江戸時代にもしばらく維持されている。地獄絵を携えた僧や熊野《くまの》比《び》丘《く》尼《に》が、地獄と極楽の絵解きをしながら熊野信仰を各地に伝えた。浅井《あさい》了意《りょうい》（一六一二?～九一）の『東海道名所記』（万治二年、一六五九頃刊）のように、絵解きの様子や口ぶりを伝えた作品もある。しかし熊野比丘尼が活動している間にも、血の穢れ意識は江戸社会の中で、しだいに影響力を弱めていった。彼女たちの活動も徐々に変質し、そのうち『血盆経』は二の次になっている。

この一例に見られるように、江戸時代になると血の穢れという禁忌意識自体が薄れていった。時代背景としては、織豊期の政治や文化の特色が想定できる。安土桃山文化は、織田信長に象徴される新興の武家の政治力や、大商人たちの経済力を反映した仏教色の少ない現世的な文化と評されている。そうなると神仏思想が説いていた血の穢れも、従来ほど深刻に受け止められなくなってくる。

さらに江戸時代も後期に向かうほど「血」を好意的に受け止める認識が台頭してきた。昔ながらのネガティブなイメージを残しつつも、生命力の象徴と見る解釈が育ち、その両面を併せ持った現代的な言語感覚が形づくられたのである。こと「血」認識の変化に限定するなら、分岐点は江戸時代なのだった。

キリシタン版の辞書

織豊期に来日したイエズス会の宣教師たちは、キリスト教を広めるための一環として、日本の伝統文化や信仰について研究を重ねた。その際、在来勢力のライバルとなりうるのが仏教の諸宗だった。宣教師たちにとっては、教理をめぐって僧侶たちと議論を戦わせる事態も想定し、あらかじめ精査しておく必要があった。その調査結果といえることが、各種キリシタン版にも記述されている。

慶長八年（一六〇三）には、日本語・ポルトガル語対訳辞書の『日葡《にっぽ》辞書《じしょ》』が出版された。ブドウ（葡萄）のブでもある「葡」の字は、ポルトガルのことをさしている。約三万二千三百語を収録した質量ともに当代随一の辞書で、キリシタン版としては最大規模の印刷物になる。国語学の領域では、中世日本語を研究するための基本文献になっている。

この辞書で「血脈」を引くと、前半には仏教の血脈図のことが書かれている。以下の引用に

「赤インク」とあるのは、師弟関係を示した線が朱書きされていることをいう。坊主は、往々この表を教区内の信者に授けて、それで霊が救われるとか、その表に赤インクで記されている著名な人々の数に仲間入りするとかと信じさせる。

こういう系統図を、単に「血脈」とも称した。江戸時代よりも前からの慣例で、この図が在家信者にも与えられていた。死後の幸福を保証するものとして、売買されるケースもあった。右の解説は、辞書の記載ということ以上に宣教師側の視点も感じられるが、当時の仏教に関する習俗を伝えた記述でもある。

この辞書に収録された「血」は解説が詳細で、短い例文が多数交えてある。旧約でも新約でも、聖書の世界では血液が重要な役割を担っていたから、宣教師たちは日本語「血」の分析にも細心の注意を払っていた。そうして用例を幅広く集め、語義を確定するのに推敲を重ね、最終的にこの分量に達していた。

血液。例「血を吐く」口から血を吐き出す。例「血を流す」血を流す。例「刀を以て己れが額を突き切つて血を面《おもて》に流しかけ、云々」『太平記』巻三十一。刀の切っ先で自分の額を傷つけて、顔面に血を流し垂らした。例「血が垂る」血が流れる。例「血が止まる」血の流れるのが止まる。例「血を止むる」血の流れ出るのを止まらせる。例「血を出だす」血を取る、または、流出させる。すなわち、刺胳をする。例「馬の裾の血を出だす、または、取る」馬の足に刺胳をして血を取る。例「血が狂ふ」血が激する。例「血が下がる」血が下の方へおりる。例「血が上がる」血が頭に上がる。例「血になる」物が血に変わる、血まみれになる。例「血をあやす」血を地面に流す、したたらす。

豊富な解説や用例の大半は、血液そのものにあてられている。血縁関係の記載は見当らない。総じて生命力をあらわせなかったとすれば、生命の継承を託した「血」の表現も生み出されようがない。

なお序盤にある例文の出典に、軍記物の『太平記』が出ている。南北朝の時代を描いた本作は、同じジャンルでは『平家物語』に次ぐ大作になっている。軍記物の中では、異色ともいえるほど流血の場面が多い。そのため『日葡辞書』の「血」の項目に引いてくる例文が、容易に選べたのだろう。

つぎに「血」の字が含まれる語彙は、以下のとおりである。収録語彙が三万語を超えているので、「血」のつく言葉もそれ相応に多い。

悪血《あっけつ》　悪血《あくち》　血《ち》　血判《ちばん》　血走る　血血《ちち》走る　血惑《ちまど》ふ　血眼《ちまなこ》　血祭《ちまつり》　血迷《ちまよ》ふ　血みどろ　血の道　血気《ちけ》　血煙《ちけむり》　血筋《ちすじ》　血止草《ちとめぐさ》　血止薬《ちとめぐすり》　血縛《ちしば》り　血汁《ちしる》　血潮《ちしお》　血酔《ちよ》ひ　血刺《ちざし》　紅血《こうけつ》　古《こ》血《けつ》　鼻血《はなぢ》　補血《ほけつ》　下血《げけつ》　衄血《じくけつ》　濁血《じょくけつ》　淫血《いんけつ》　生血《なまち》　膿血《のうけつ》　血脈《けちみゃく》　血気《けっき》　血判《けつぱん》　血判《けっぱん》　血汗《けっかん》　血脈《けつみゃく》　血肉《けつにく》　血流《けつりゅう》　血涙《けつるい》　血暈《けつうん》　血液《けつえき》　気血《きけつ》　吐血《とけつ》　瘀血《おけつ》　清血《せいけつ》

今では聞き慣れない言葉もあるが、大半は血液そのものの意味で使われている。戦闘や病気にともなう出血や吐血など、暗く重々しい項目が目につく。

続いて、この辞書の記載全体を調べてみる。解説文中に血縁のことが書かれている言葉には、つぎのようなものがある。

末《ばつ》流　苗裔　骨肉　同門　同生《しょう》　人種《ひとだね》　本筋《ほんすじ》　下生《げしょう》　元祖　一姓《いっしょう》　御孫《みまご》　流れ　某《なにがし》　系図　筋目　末々　他門　他姓《たしょう》　氏《うじ》　氏姓《うじしょう》　氏種姓《うじしゅじょう》　王氏《おうし》　王孫《おうぞん》　七世《しちせ》　神氏《しんし》　姓名《みょう》　衆族《しゅうぞく》　俗《ぞく》姓《しょう》

これらが血縁関係をあらわす、当時の多彩な表現だった。現在のような「血」は使われていないことが、改めて確認できる。膨大な辞書の記載から読み取れる「血」のイメージは、穢れが強く意識されていた中世社会の実情をありのままに反映している。

4　神道思想の系譜

†神道史概観

仏教や儒教の思想や文化などにくらべると、神道思想に関しては一般的に、あまり知られていない事柄が多い。『古事記』や『日本書紀』の神代巻に記述された天地開闢《かいびゃく》以降の流れや、神々の名前なども、しばしば馴染みが薄い。そこで中世の神道思想の予備知識となることを、あらかじめ概観してみる。その上で、個々の人物や著作の内容などについて、順次取り上げることにしたい。

日本に古くから伝わる伝統思想は、素朴な自然信仰がもとになって誕生した。ただし当初は、神道思想と呼べるほどの自覚に乏しかった。自意識をうながした要素としては、外来思想として伝わった仏教の存在が大きかった。大陸渡来の思想に触発されて、自身の存在を意識する流れである。そもそも「神道」という言葉は『日本書紀』巻二十一に最初の例があり（「用明天皇即位前紀」)、そこでは「仏法」に対する語として用いられている。

天皇《すめらみこと》、仏法《ほとけのみのり》を信《う》けたまひ、神道《かみのみち》を尊びたまふ

天皇は仏教を信仰され、神道を尊重されたとある。

外来思想の仏教と在来の信仰による文化交流は、神仏習合のような融合の動きだけでなかった。神と仏のどちらを本体に据えるかという、主客の問題も生じていた。その際に、仏が神の本体で神は仏の仮の現れとする立場から、仏像や僧形《そうぎょう》の神像を祀る神社があらわれた。これを理論化したのが本地垂迹《ほんちすいじゃく》説で、鎌倉時代に確立されている。それに対して、神道の側が主体性を回復させようとする動きが起こった。反本地垂迹説ともいう。鎌倉時代の伊勢（度会《わたらい》）神道から始まり、室町時代には京都に吉田神道があらわれた。

神道思想のもとで日本の歩みが語られる際には、天地の開闢から皇統への流れをたどる。元来「皇統」という言葉は、中国で天子の系譜を意味し、日本では天皇家の家系をあらわすのに使われた。中世の神道思想では、皇統の命脈をあらわす表現には幅があり、吉田神道では「血脈」も使われていた。神仏習合をへて、仏教的な「血脈」が神道の領域にも入ってきたものと思われる。

仏教的な「血脈相承」と異なり、皇統は血統とのつながりが深い。それでも世襲による相伝だった真宗教団の「血脈」でさえ、血筋の意味は内部から育ちにくかった。そこは神道思想の「血脈」も例外でなく、血筋とは同一視されていなかった。

皇統の命脈をあらわす「血脈」以外の表現としては、古来より「気」が重視されてきた。神代巻について、天地の創成以降の推移を「気」によって説明した例が多々ある。さらには一元論的な「一気」説や、陰陽論的な「二気」説などがあった。何らかの形で「気」を引き合いに出している点で、共通性が高い。

『日本書紀』の神代巻によれば、天地開闢の際に最初に出現したのが国常立尊《くにのとこたちのみこと》（以下クニトコタチ）だった。神世七代の最初の神に位置付けられ、造化の神ともいう。神世七代の最後に位置する第七代が伊弉諾尊《いざなぎのみこと》（イザナギ）と伊弉冉尊《いざなみのみこと》（イザナミ）の夫婦で、合わせて二尊《にそん》ともいう。彼らの国産みによって、国土が形成された。イザナギの娘が天照大神《あまてらすおおみかみ》（アマテラス）で、地神五代の最初とされ、太陽神に位置付けられている。天皇家の祖神として、伊勢神宮に祀られている。この地神五代をへて、「人皇《じんこう》」の神武天皇につながる。神代巻をめぐる学者や神道家たちの議論には、しばしば右記のような名前が出てくる。

創成の物語までさかのぼった場合、人間的な血のつながりという認識がどの程度成り立っていたのか、定かでない部分がある。血縁関係の有無を問う前に、血縁という関係が成立する間柄かどうかが問われる。要は人間の姿をしていない相手に対して、血が通っている者同士と認識できるかどうかの問題である。だから人間の起源さえ設定できれば、理論上はそれ以降を血統の系譜と解釈することができる。この点についてはおそらく、諸外国の創世神話なども条件は同様と思われる。

血の描写は、神代巻にもたまに出てくる。弓矢や刀などを交えて負傷し、血が流れ出る場面があり、血が通っている神々という認識は成り立っていた。血の継承を思わせる場面もあり、そのひとつが火の神の軻遇突智《かぐつち》（カグツチ）だった。彼は神産みによって、イザナギとイザナミの間に生まれた。火という属性により、出産時に母のイザナミの陰部に火傷ができ、これがもとで彼女は死んでしまった。父のイザナギは怒り、カグツチは十拳剣《とつかのつるぎ》で殺された。そのときに流されたカグツチの血から、さまざまな神が生まれた。十拳剣の先端や根元、あるいは柄《つか》（握るところ）からの血が岩石の上に落ち、そこから生成された神々である。

この部分だけ取り上げると、血の継承という考え方が反映されているようにも受け取れる。しかし一方では、カグツチの死体から生まれた神々も列挙されている。全体的に見れば、血だけが特別に生命力の根源とみなされていたわけではなかった。いにしえの物語ならではの、自由闊達な描写の一部なのだろう。

†神皇の正統記

大陸渡来の思想に触発されて、国内の自意識が高まる構図とは別に、同じ国内でも自意識が芽生えやすい場面があった。とくに皇統が分裂した状態にあると、どちらが正統の後継者かといった視点から、双方の系譜について議論されやすい。鎌倉幕府が崩壊したのち、皇統が分立した南北朝時代に書かれたのが『神皇正統記《じんのうしょうとうき》』だった。

この書物をまとめた北畠親房《きたばたけちかふさ》（一二九三〜一三五四）は、後醍醐天皇（一二八八〜一三三九）の南朝方（吉野）の忠臣だった。南朝の劣勢を挽回するため東国に支援を求め、筑波山麓の小田城でこの書物を起筆した。暦応二年（一三三九）に成立し、康永二年（一三四三）に改訂されている。親房は建国の由来から南朝の後村上天皇《ごむらかみてんのう》（一三二八〜六八）までの事跡を綴っている。

神道家の度会家行《わたらいいえゆき》（一二五六？〜一三五一？）から学んだ伊勢神道を、親房は著作の思想的な土台にした。その上で、仏教や儒教の教理も取り入れた。現に儒教の経書からの引用があり、また親房は一時期、出家して僧侶になっていた。ただし彼は反本地垂迹といえる神主仏従の立場をとり、儒仏については仮の姿でこの世に化現《けげん》したものと述べている。

執筆意図に関する記述によると、そもそも神々のことは容易に把握できない。しかし創成の根源を知らなければ、国の政治が乱れる端緒ともなりかねない。だから神代より「正理」によって受け継がれた由緒について、記述することにした。しかも平素耳にする通俗的なことは、記載しないように努めたと彼はいう。原文の言葉では、「正理」によって継承される筋道をたどっていくと「神皇ノ正統」を明らかにできるとある。

ところが研究史上の『神皇正統記』は、誰に向けて何のために書かれたのか確定していない。有力な説としては、後村上天皇を教育するための訓戒の書という解釈がある。有徳でない君主の皇統は断絶し、別系統に「正統」が移る。その厳しい現実をふまえ、自身の属する皇統が「正統」であり続けるために己を磨く。そうして私欲を捨てて民衆のために執政するよう、幼少の天皇にうながしたとも考えられている。

すると親房の思い描く皇統は、血統の話だけではなくなってくる。たしかに「統」の字の訓読みにはスヂもあり、一字で血筋をあらわすことのできた古語の「筋」に通じている。だが親房によれば、あるべき皇統は「正」なる「統」であること以前に、「正」なる「理」が備わっていなければならなかった。

ここで親房の主張に迫るためには、彼がくり返していた「正」の意味にも触れておく必要がある。というのは、中世社会の「正」は、正誤や正邪の次元で語られる現代的なそれとは異質だったからである。古語の「正」には物事の最初という意味があり、一月のことをいう「正月」や、出版物の「正編」と「続編」の関係あたりが今日に伝わる名残になっている。しかも従来の「正」には、最初の姿こそ本来あるべき理想の姿という発想があった（西田知己『日本語と道徳――本心・正直・誠実・智恵はいつ生まれたか』二〇一七年）。

たとえば仏教思想では、仏法のことを「正法」とも称した。「邪法」に対する「正法」でもあったが、両者の位置関係は善悪の対峙といった空間的な構図ではない。本来は「正」だったものが、しだいに歪んで「邪」に陥ってしまったという、時の流れの上で理解されていた。また末法思想における「正法」は、初期段階の教えの意でもあった。釈迦の教えだったもとの「正法」がだんだん空洞化して「像法」になり、いよいよ廃れたのが「末法」の世とみなされていた。「正法」と「末法」つまり「正」と「末」の組み合わせから見ても、「正」は時系列上の最初だったことがわかる。

右の考え方になぞらえるならば、『神皇正統記』のいう「正」もまた、「邪」なる北朝に対する「正」なる南朝という構図ではなかった。むしろ対比が意識されていたのは、本来あるべき理想的な太古の皇統に対する、現在の南朝の姿だった。今の南朝が、その「正」なる姿を維持できているのかどうかが問われていたのである。南北どちらの血筋が正しいのか、という単純な話ではなかった。

なお用語から見た『神皇正統記』は、皇統をあらわすのに「血脈」を使っていない。もちろん、生命力をあらわす「血」も見られない。皇統の命脈を伝える「気」の用例はあり、たとえば天地開闢の箇所では「これ陰陽の元初、未分の一気なり」といった具合に出てくる。純粋に血筋のことをいう「皇統」の登場は、まだ先の話だった。

✝吉田神道の血脈

室町時代の後期に吉田神道（唯一《ゆいいつ》神道）を提唱したのが、吉田兼倶《よしだかねとも》（一四三五〜一五一一）だった。吉田家は代々、京都の吉田神社の神官だった。地方の神社に対して、神位や神職の位階を授ける制度をもうけるようになったのは、兼倶によるところが大きい。吉田神道が全国的に興隆する基盤を、彼が固めたのである。

兼倶の主著『唯一神道名法要集《ゆいいつしんとうみょうほうようしゅう》』にある根葉花実論《こんようかじつろん》には神道と仏教、儒教の三教一致が説かれている。日本が種子を生じ、中国は枝葉を生じ、インドは花実を開かせた。だから仏法は果実の部分であり、儒教は枝葉に相当し、神道はすべての教えの根本だと説いている。最後の花実よりも、最初の種子が重んじられていたのである。こうして神、仏、儒のつながりを示しながら、神道を本来あるべき最初の姿に位置付けている。これも神道思想と外来思想をめぐる主体性の問題から出てきた議論で、反本地垂迹といえる立場だった。

この著作には、皇統の系図が載せられている。名称は「唯一神道ノ血脈」とあり、「血脈」の語が使われている。その系図から吉田家が派生していくさまも、同じく系図によって示されている。

この著述は、問答形式によって記されている。系図の箇所で「唯一」の意味が問われている。その答えによると、神道は測り知れない原初としてのクニトコタチからアマテラスに至るまで、玄妙なる相承がなされてきた。アマテラスが天児屋命《あめのこやねのみこと》（アメノコヤネ）に授けて以来、混濁の現在に至るまで「一気の源泉」を引き継いできたとある。吉田神道でも「気」の継承が重んじられていたことがわかる。アメノコヤネは吉田家の祖先神であり、吉田神道の起源をそこに見出している。

続けて「唯一流ヲ受ケテ二流無シ」とはどういう意味か、という問いかけが続く。それに答えて、兼倶はまず『日本書紀』の神代巻から説き始めている。アメノコヤネから藤原鎌足《ふじわらのかまたり》（六一四〜六六九）をへて、平安時代の卜部兼延《うらべかねのぶ》（生没年未詳）に至った。それ以来、吉田家が代々「一流」を世襲し、何度かの改姓をへて兼倶に伝えられた。それが「唯一流」と称する根拠だと説明されている。ここには源平の合戦物語にも描かれていたような、水流に仮託された表現がある。

この前後を原文で見ると、「神代付属ノ正脈」や「卜部ノ正統」といった言葉が用いられている。ここでいう「正脈」や「正統」は、『神皇正統記』に説かれていた「正」の思想と共通性が高い。血統の継承であること以上に、その正統性が重んじられている。血統と同義かどうかといえば同義ではなく、理念的な比重も高かった。

何度かの改姓に関しては、掲載されている系図にもそのつど注記されている。アメノコヤネから吉田家に続く壮大な系図で、兼倶はそれを「唯受一流ノ血脈」と称している。皇統の系譜を示した前掲の「唯一神道ノ血脈」とは少し異なり、「唯一」でなく「唯受」になっている。皇統からただひとつ、正式に受け渡されてきた「唯受」の意なのだろう。ひとまず神道の世界にも、神道思想特有の「血脈」があったことがわかる。

当時の「皇統」にも血統の要素は含まれていたが、浄土真宗の「血脈」でさえ血筋の意味に傾かなかった。その点は、血縁関係を重視してきた神道各派の「血脈」も例外ではなかった。一子相伝による正統な継承という枠組みの部分では、仏教的な「血脈相承」と神道思想の「血脈」には重なる部分も多い。

その「血脈」の読み替えが始まるのは、近世すなわち江戸時代になってからだった。皇統と血統を重ね合わせて解釈するようになり、新たな神道思想が生み出され、江戸後期の政治思想にも転用されている。その考え方がひとつの核となって、幕末維新の政治運動を後押ししていた。一連の新展開が成り立つには、穢れよりも生命力を感じさせる「血」の概念が形成される必要があったのである。

第三章

近世前期

夫から浮気を疑われた妻は、お白洲で血合わせに臨んだ(早稲田大学図書館所蔵『本朝桜陰比事』)

1　儒者から儒者へ

†キリシタン起源説

改めて世界史的な視野に立ってみると、西洋の中世社会には「血」の継承という言語表現が普及していた。それと似た考え方が、江戸時代の日本にも見受けられるようになった。すると南蛮文化の一端として、西洋社会の認識が流入したと考えるのが、もっとも無理がない。現に、宣教師らによって国内で作成されたキリシタン関係の文献には、生命力を象徴する西洋的な「血」の用例が幅広く確認できる。

天文十八年（一五四九）に来日したフランシスコ・ザビエル（一五〇六～五二）以降、宣教師らによる活動は半世紀以上に及んだ。教えを広める活動の一助として、彼らは日本語の語彙や文法の仕組みを調べ、ラテン語やポルトガル語に翻訳して書籍化した。天正十八年（一五九〇）には、イエズス会東インド管区の巡察師アレッサンドロ・ヴァリニャーノ（一五三九～一六〇六）が活版印刷機をヨーロッパから取り寄せた。その後、島原や天草、長崎などに移転されながら諸本が印刷されている。出版事業が進められていたのは、天正十八年（一五九〇）から二十年ほどの期間で、のべ五十点以上の活字本（キリシタン版）が刊行された。

その一冊だった『どちりいな・きりしたん』（天正十九年、一五九一初版）は、キリスト教の主要な教理をまとめている。その一節には、磔刑に処せられたイエスから流れ出た血が「貴《たつと》き御血」だったとある。敬語の「御」を付けた「血」は、従来の日本語として一般的ではない斬新な取り合わせだった。

キリスト教で執り行われる聖餐式《せいさんしき》は、カトリックでは聖体拝領と称し、イエスの血と肉としてブドウ酒とパンが与えられる。これは磔刑前の最後の晩餐（『新約聖書』「ヨハネによる福音書」第六章）に由来する。このときイエスは「私の肉を食べ、私の血を飲む者は、いつも私の内におり、私もまたいつもその人の内にいる」と語ったとされている。

この聖体拝領については、信心書の『スピリツアル修行』（慶長十二年、一六〇七刊）にも記載がある。イエスは「ご身肉」を食物として弟子たちに与え、「価高き御血」を飲物としてお与えになった、とあって「値高き御血」と記されている。このほか「良薬となる御血」といった類似の表現もいくつか見られる。

また『スピリツアル修行』には、人びとを罪から洗い清めるイエスの血（『新約聖書』「黙示録」）について「尊き御血を以《もつ》て汝を洗ひ潔め給ふこと」と書かれた箇所がある。典礼書の『サカラメンタ提要』（慶長十年、一六〇五刊）の付録にも「御身の御血を以て洗ひ清め給ふわがアニマ（霊魂）」と出ている。過去の過ちを洗い流してくれる「御血」は、日本的な血の穢れからもっとも遠いところにある価値観だった。流血を清めるのではなく、流血で清めるのだから、異質性は一目瞭然だった。

右の引用は『サカラメンタ提要』の付録の部分で、全体が和文で書かれていた。対する本文はラテン語で書かれ、文中には「consanguinitas《コンサンギニタス》（血縁関係）」という長い言葉がある。その語幹にある「sanguis」は、血液のことだった。このラテン語に血筋の意味が派生していることを物語る用例になっている。

ただし、こういう言葉はキリシタン版で「血」を使って直訳されていない。和文のキリシタン版では、「骨肉」をはじめとする伝統的な諸表現によって訳出されている。それはまさに、血筋をあらわす日本語「血」がまだ国内で通用していなかったからだった。

血筋の「sanguis」をダイレクトに「血」と訳したわけではないが、多少関連のある翻訳の例はある。キリシタン版『丸血留《まるちる》の道』は、迫害されても転向せず、あえて死を選ぶ殉教の心得を説いている。その一節に「マルチレス（殉教者）ノ御血ハ、キリシタンダデ（キリスト教信徒団）ノ種子ノ如也」とある。殉教者の流した血液が無駄にならず、新たな「種子」となって後世の教会や信者に継承されていくと説かれている。

これは二世紀末から三世紀の初めにかけて活躍した、教父テルトゥリアヌス（一六〇頃〜二二

○頃）の言葉だった。その著『護教論』に「キリスト教徒の血は、種子なのである」とあり、名言として知られていた。それが『丸血留の道』に、ほぼ直訳に近い形で載せられていた。植物の成長に仮託されていた「種」が、西洋的な「血」に関連付けられている。生命力に関する東西の言語表現が組み合わされた、初期の例でもあった。

国内に伝えられたキリスト教的な「血」が在来思想と異質であるほど、日本人が受けるインパクトは大きくなった。イエスの血と肉が、ブドウ酒とパンになぞらえられるといった断片的な情報だけでも、かなり印象的だったと思われる。むろん日本人が受け止めたキリスト教思想が、教理に即していたとは限らない。入信していない大半の人たちにとっては、誤解や曲解など識別しようもない。出所不明のデマも渦巻いていた。だが西洋では「血」を尊重するという大枠さえ伝われば、伝統的な穢れの意識に一石を投じるには十分だった。

†中江藤樹と血脈貫通

まだキリシタン版が刊行されていた慶長年間のうちに、キリスト教を禁止する法令が出された。続く寛永年間になると、信者に棄教を迫る圧力がさらに強まっていった。寛永十四年（一六三七）から翌年にかけて島原・天草一揆が起きると、禁令は徹底されていく。絵踏みや宗門《しゅうもん》改《あらため》、寺請《てらうけ》制度などによって、キリシタンの根絶がはかられた。寛永十六年（一六三九）のポルトガル船来航禁止令は、通称、第五次の鎖国令ともいわれる。この禁令により、オランダと中国のみ長崎に限って貿易を認めるに至ったことは、よく知られている。

その寛永年間には、国内の儒者によって書かれた書籍に血縁関係のことをいう「血」の用例が早くも出ている。具体的には「血脈」や「血筋」といった既存の日本語が、現代語的な意味に読み替えられている。継承される生命力のことをいう表現なら実際の流血がともなわず、抵抗感はやや薄かったように思われる。

しかも神儒仏と並び称される伝統思想のうち、儒学は神仏思想のように穢れを意識する機会が、それほど多くなかった。『延喜式』に見られた神事にまつわる禁忌や、仏教の殺生あるいは血の池地獄といったネガティブなイメージを負っていなかった。また日本の儒学では、東洋哲学的な抽象理論よりも現世的な規律や人間関係が好んで論じられてきた。そういう実社会をベースにした教説であれば、「骨肉」や「身体髪膚」の類語として親子の「血筋」や「血脈」が成り立つ素地はあった。

実際のところ、新しい「血」を発信するにあたって重要な起点になったのが「孝」の教えだった。『孝経』をめぐる議論の過程で、血筋寄りの「血脈」に言及した初期の人物が「近江聖人《おうみせいじん》」中江藤樹《なかえとうじゆ》（一六〇八〜四八）だった。近江国（滋賀県）出身の藤樹は、元和三年（一六一七）に伊予国《いよのくに》（愛媛県）の大洲藩《おおずはん》に仕えた。二十七歳のとき、郷里の母に寄り添うため致仕《ちし》（引退）を希望したが許されず、みずから脱藩している。母に孝行するための脱藩は異例で、のちに儒者の鑑とも称された。帰郷した藤樹は村の人びとを教化するのに尽力し、儒者としても独自の教学を打ち出していった。

宋代に朱子（朱熹《しゅき》。一一三〇〜一二〇〇）による朱子学が発達するにともなって、古典の注釈書が続々と生み出された。明代に書かれた『孝経』の注釈書『孝経大全』（江元祚《こうげんそ》編、一六三三年刊）は、刊行後まもなく日本にも伝わった。国内の版元《はんもと》（出版社）によって、和刻本が出版されている。

その『孝経大全』巻一には「血脈貫通」という成句が出ている。体内をめぐる「血脈」にもとづき、一編の文章に一貫性があることをあらわした。経典の注釈書では、原典の文章を批評するときなどに用いられた。朱子の言葉をまとめた『朱子語類』（巻十九・五十二）では、「貫通」を「通貫」にした形で使われている。その一節によると、『孟子』を読めば内容がわかるだけでなく、熟読すれば作文の作法に通じることができる。この書は「首尾照応、血脈通貫」で、一字の無駄もないという。

藤樹の『孝経啓蒙』では『孝経大全』などを参考にしながらも、「血脈貫通」に関しては血筋の意味で用いている。原文には、つぎのように書かれている。

父母の子における、一体分形、身体髪膚、血脈貫通して、間隔する（隔たる）ところなきものなり。

引用文にある親子の「一体分形」とは、いわば「身を分けた」親子の関係が親密なことをあらわした。類語に「分形連気」がある。藤樹の主著とされる『翁問答《おきなもんどう》』（寛永十七年、一六四〇頃成立）の上巻にも「弟はおやの身をわけて、分形連気の人なれば」などと出てくる。その「一体分形」のあとに、「身体髪膚」をへて「血脈貫通」が続く。これは、親から子に「血脈」が「貫通」するようにして受け渡されていることをあらわしている。少なくとも、文章の一貫性とは関係がない。

『孝経啓蒙』の正確な執筆年代は不明ながら、藤樹の晩年の著作と考えられている。その藤樹は、徳川家光が三代将軍の職にあった慶安元年（一六四八）に没している。キリスト教色が色濃い海外諸国との交流を断つため、家光はたびたび禁令を発していた。その将軍が在位していた時期に、右のような血筋の「血脈」が使用されていた。単純計算でいえば、天文十八年（一五四九）にザビエルが来日してから約百年後のことだった。ポジティブな「血」の理解が言語レベルで形成されるまでには、一世紀近くを要したことになる。

ちなみに明治時代になると、中江藤樹はキリシタンだったとする説が主張された。発端は、フランス人の外交官で草創期の日本史家となったレオン・パジェス（一八一四～八六）の著作にあった。フランス語で書かれ、のちに『日本切支丹宗門史』と題して翻訳された研究書の一節が、注目されたのである。それは寛永三年（一六二六）に四国で「聖なる洗礼を受け、爾来《じらい》優れたキリシタンとして暮した」儒者がいたという記述だった。日本では、それを藤樹とみなす学説が相次いであらわれた。

また藤樹の著作からも、キリスト教的な側面が読み取られてきた。『翁問答』の上巻によれば、自分の体は父母に授かり、父母の体は「天地」から授かる。その「天地」は、宇宙の根源といえる「太虚《たいきょ》」から授けられたものだとある。下巻では「太虚」について「太虚の皇上《くわうじやう》帝《てい》は人倫の太祖」と書かれている。「神理」にのっとれば、聖人君子から凡人に至るまで「皇上帝」の子孫だともいう。

その「皇上帝」については、キリスト教的な唯一神に近い概念とも解釈されている（井上哲次郎『日本陽明学派之哲学』一九〇〇年）。むろん藤樹が読み替えた「血脈貫通」は、親子の血縁関係を示すのみで、イエスの「御血」と直接の関係はない。それでも生命力の象徴となる「血」という前提がなければ、藤樹のような「血脈」認識には至りにくいのも事実だった。

†熊沢蕃山と火葬問題

中江藤樹の「血脈貫通」は、一学者による独自の解釈にとどまらず、弟子に継承されている。門人だった熊沢蕃山《ばんざん》（一六一九〜九一）は京都に生まれ、寛永十一年（一六三四）に岡山藩主だった池田光政（一六〇九〜八二）に仕えた。同十五年に辞めて浪人となってからは、近江国の祖母の実家に身を寄せている。この時期に同郷の藤樹を訪ねて弟子入りした。正保二年（一六四五）にふたたび岡山藩に出仕してからは光政を補佐し、藩の番頭《ばんがしら》（三千石）にまで昇進している。

その蕃山が、師匠の藤樹と同じ意味の「血脈貫通」を用いている。蕃山のいう「血脈貫通」は仏教、とりわけ仏葬（火葬）との関連で語られている。『葬祭弁論《そうさいべんろん》』（寛文七年、一六六七刊）の一節によると、仏教に迷えば親や先祖をないがしろにしてしまう。しかも出家すれば「血脈も貫通せざる」とある。出家して俗世間との縁を切ることは、結婚せず子どもを持たないことでもある。だから「血脈」が「貫通」しなくなるという主張にある「血脈」は、血筋のことにほかならない。

儒者が火葬を批判したのは、まさに『孝経』や『礼記』に由来する「身体髪膚」や「父母の遺体」に依拠していたからだった。親から貰い受けた大切な体なのだから、たとえ死者とはいえ、火で焼くのは忍びないと受け止めていたのである。そのため蕃山も当初は火葬批判の立場をとり、とくに岡山藩に改めて出仕していた頃は容赦なかった。『葬祭弁論』にも、そう書かれている。しかし後年には、仏教自体を批判しながらも火葬は容認している（『集義外書《しゅうぎげしょ》』巻十六「水土解」）。その背景には、葬礼の変化という時代の推移があった。

江戸時代に入ると、宗門改や寺請制度によって火葬が社会的に根づいていた。しかし儒者たちは僧侶の専門職になっていた葬式に反発し、朱子がまとめた『家礼』巻四「喪礼」にもとづく儒葬《じゆそう》を唱える人も出てきた。儒葬のもとでは遺体を土葬し、遺族が喪に服する期間が仏式よりも長かった。

ところがそこに、現実問題が立ちはだかった。とくに三都と総称される江戸、京都、大坂のような人口過密の大都市では、土葬にして埋葬するための空地を確保するのが容易でなかった。その社会状況を直視するなら、たとえ儒者であっても簡便な葬礼を支持せざるをえない。そこで蕃山は、師匠の藤樹が提唱していた「時・所・位（時間・場所・地位）」にもとづき、社会制度や礼儀作法などは所変われば品変わるという柔軟な立場をとった。

『葬祭弁論』が書かれた寛文年間（一六六一〜七三年）の頃になると、藤樹の系統でない儒者も親兄弟の「血脈」を語っている。そしてごく大雑把にいえば、それから数十年後に元禄文化の時代が訪れた。近松門左衛門らが血筋の「血」を核にした表現の幅を広げ、大衆的な支持を得ている（本章・第三節）。

元禄文学をリードした西鶴や近松のような文芸の第一人者にくらべると、儒者は大衆的な発信力の部分では到底及ばない。それでも血筋の「血脈」については、儒者たちが普及の地ならしをしていた。人間関係の「血」は、死よりも生を連想させる尊いものという解釈が、儒者たちによってお墨付きになっていたといえる。

†山鹿素行の孝行論

宋代の朱子学には、もとの『論語』や『孟子』などにはなかった新解釈が上乗せされていた。陰陽五行《いんようごぎょう》思想や老荘《ろうそう》思想、あるいは禅宗をはじめとする仏教思想などが取り入れられ、もとの孔子や孟子の教えよりも壮大で抽象的な理論に傾いていた。日々の暮らしの心得としては、かならずしも実践的といえなかったのである。そこで江戸時代の儒者たちは、後付けの解釈を介さずに原文をじかに読み解き、本来の教説を再現しようと試みた。その機運から生み出された学問のことを「古学」という。結果的には日本人の儒者としての視点も反映され、儒学の日本的展開とも呼ばれている。

その第一人者になったのが、熊沢蕃山とほぼ同じ時期に活躍した山鹿素行《やまがそこう》（一六二二～八五）だった。陸奥国《むつのくに》の会津（福島県）の浪人の家に生まれている。幼少期に父が江戸に出て町医者を開業し、自分は幕府で大学頭《だいがくのかみ》を務めていた林羅山《はやしらざん》（一五八三～一六五七）の門下生になった。

神道、仏教、歌学、甲州流軍学などに至るまで広く学ぶに及んで、朱子学に疑問を抱くようになった。博識になるほど、経書の注釈に異質な思想が混入していることを察知しやすかった。

中江藤樹や熊沢蕃山と違って、素行は「貫通」抜きの「血脈」だけで血筋のことを表現した。親孝行について議論した著作に広く見られ、素行の講義を門人たちが収録した『山鹿語類』（寛文三年、一六六三～寛文五年、一六六五刊）にも出ている。「父子道」「孝経」「養父母」と続く各条では、「骨肉」や「身体髪膚」などとともに血筋の「血脈」もごく普通に使われている。以下のように、新旧の用法が織り交ぜられている。

骨肉血脈の親（巻十七「父子道」二「事父母《ふぼにつかふ》」）
人倫血脈相続の父子（巻十八「父子道」三「父子談」）
父子は一体にして分身なり。血脈の相通ずる処まさに正し（同）

もうひとつ目新しいのが、慣用句「血で血を洗う」の用法だった（巻十九「兄弟の序」）。兄弟とは得難い間柄のはずなのに、わずかばかりの利害をめぐって敵同士のように争うのは非人道的である。ましてや、どちらが正しいか理屈で中傷し合うのは「血を以《もっ》て血を洗ふ」ものだとある。これはすでに、現代人が読んでも違和感のない用法になっている。

この成句は中国の正史だった『旧唐書《くとうじょ》』（列伝七十七、源休伝《げんきゅうでん》）に由来し、ウイグルの王が源休に語った文言に出ている。お前の国では、すでに私のおじの突董《とっとう》らを殺した。だが私がお前を殺せば、また「血をもって血を洗う」かのようにますます汚れてしまう、とある。その意味するところは、殺傷をともなう悪事に対して同じ手段で報復することだった。ウイグルの王がおじの仇を討てば血の復讐とはいえるが、王と源休は血縁関係にない。元来はそのように使われていた成句の「血」に、血筋の意味が読み込まれたのが江戸時代だった。

兵学者としても知られた素行は、儒家神道の学者でもあった。その著『中朝事実《ちゅうちょうじじつ》』（寛文九年、一六六九自序）は『日本書紀』神代巻などを引きながら、素行が論評を挟む体裁をとっている。「天先章」「中国章」「皇統章」などの十三章で構成され、第一の「天先章」では天地の創成や風土的な特色に触れている。

本文中では、日本のことを「中朝」「本朝」のほかに「中国」とも称している。その名を冠した第二の「中国章」では、「皇統」が途絶えたことがない日本こそ「中国」だと断言している。他方で、本家の中国に与えられた名称は「外朝」だった。素行が考える「外朝」は、地理的に周囲を異民族に囲まれていて防御が容易でない。また「姓ヲ易（変へ）テ」つまり易姓《えきせい》革命のたびごとに王朝が替わって一貫していないという。

対する日本の治世については、第三の「皇統章」にくわしい。素行によれば、「中国」としての日本は開闢以来「天ツ神（アマテラス）ノ皇統」が「人皇《じんこう》」の神武天皇をへて、現在に至るまで続いてきた。過去に諸外国に侵略されたこともなく、「皇統」の「無窮《むきゅう》」が実現しているという。

素行のような「中朝」の主張が出てきた背景には、中国側の政情の変化があった。一六四四年、農民反乱の李自成《りじせい》の乱によって漢民族の明朝が滅亡し、そのあとに成立した清朝は女真族（満州族）の王朝だった。従来は野蛮な「北狄《ほくてき》」という格下扱いだった異民族の王朝が成立し、日本では「中華」と「夷狄《いてき》」が逆転したとも認識された。以後どのように隣国と接していくのか、幕府としても対応が問われていた。

この『中朝事実』に先立ってまとめられた『山鹿語類』の段階で、素行はすでに親兄弟の「血筋」や「血脈」に言及していた。他方『山鹿語類』でも『中朝事実』でも、皇統のことをいう際には「血脈」でなく「皇統」が使われていた。もし皇統を血筋の「血脈」であらわすと、子孫なら誰でもカバーできてしまう。その結果、一子相伝による皇位継承の正統性といった由緒や格式が抜け落ちてしまうことを、素行は懸念していたのかもしれない。以後「血脈」に同居することになった血筋と正統性の問題は、後々まで議論を呼ぶことになった。

2　西鶴文学の妙味

†架空の裁判記録

　儒者たちが先鞭をつけた血筋の「血脈」は、元禄期の代表的な作者たちに取り入れられた。井原西鶴（一六四二〜九三）や近松門左衛門（一六五三〜一七二五）らが自身の作品に用い、アレンジも幅広い。文章表現の新たな可能性として、多大な関心をもって受け止められていたと思われる。西鶴については、やや捻りのある独特の用法が目につく。

　山鹿素行が用いた現代語的な「血で血を洗う」については、裁判沙汰のトラブルをテーマにした『本朝桜陰比事《ほんちょうおういんひじ》』（元禄二年、一六八九刊）に一例がある。本書のタイトルは、南宋の桂万栄《けいばんえい》（一一二七〜七九）が編纂した裁判実録集の『棠陰比事《とういんひじ》』を洒落たものだった。その『本朝桜陰比事』巻一の第三話は「御耳に立（つ）は同（じ）言葉」と題されている。キーワードは「同じ言葉」だった。

　物語の前半では、京都で商売をしていた岡屋と郷里の親類とが土地の所有権をめぐって、裁判になるまでの経緯が述べられる。そのあとは、お白洲《しらす》での場面に続く。村に住む者と京都暮らしの者が自分の正当性を主張し合い、そのうち双方が相手を「伯父」と呼んだ。その同じ言葉を耳にした御前は、審議を中断すると双方を畜生同然と一喝した。人倫から外れた関係を系図に書いて、町中に公表するぞと詰め寄った。こうして欲深い者同士のバトルは唐突に打ち切られたが、これだけでは御前が憤慨した理由がわかりにくい。

おたがいに「伯父」と呼び合う筋立てについては、戦国期にまとめられた「藤原某」作の説話集『塵塚物語《ちりづかものがたり》』（天文二十一年、一五五二成立）が原案になったとみなされている。巻六に収録された「源九郎義経頓智《とんち》の事」は義経の「頓智」つまり頭の回転の速さを伝える逸話だった。彼が大和国《やまとのくに》（奈良県）の吉野にある民家の前を通ったとき、十歳ほどの子どもが三、四歳ほどの幼子を負ぶっていて、しかも二人とも「伯父」と呼び合っていた。それを見た義経は、笑いつつも「不義」な者どもと言い捨てて通り過ぎた。

そのさまを見ていた弁慶が不可解に思い、夜通し考え抜いた末に推論を導き出した。まず、ある夫婦に男子と女子の子どもがいると仮定する。その男子が母親と密通して男の子を生み、女子も同じように父親と通じて別の男の子を生んだとする。新たに生まれた二人なら、おたがいに「伯父」と呼べる間柄になる。その関係を成り立たせた近親婚を、義経は見透かしていたのである。西鶴の『本朝桜陰比事』に描かれた御前も、瞬時にそのことを見抜いて憤り、一喝したのだろう。

ところで物語の本編に先立って置かれた目次のところには、「御耳に立つは同じ言葉」という題目が書かれている。その下に小さく「血で血を洗ふ在所川」と記されている。郊外の村を流れる川のことをいう在所川《ざいしょがわ》には、洗い物をするのに使う近場の川という意味もあった。洗い物との関連から「洗う」つながりで「血で血を洗ふ」に結び付けられている。それに加えて、本編に描かれていた血族同士による内輪《うちわ》揉《も》めとも掛け合わされている。ここには西鶴流の、ささやかな遊び心が感じられる。

右の裁判の話は、平たくいえば「血筋」をめぐる身内の争いを描いたものだった。他方、西鶴の『武家義理物語』（貞享五年、一六八八刊）にも、似た枠組みの物語がある。題名は「筋目をつくり髭《ひげ》の男」（巻六・第一話）といい、こちらでは「血筋」に先立つ古い表現だった「筋目」が使われている。しかも「筋目」に備わった二義が、意図的に掛け合わされていることが指摘されている（平林香織「『新可笑記』巻一の二「一つの巻物両家にあり」論」『長野県短期大学紀要』六四、二〇〇九年）。

その「筋目をつくり髭の男」では、織田家に仕官した浪人の新九郎が偽物の系図を使って蜷《にな》川《がわ》新九《しんく》郎《ろう》と名乗る。その上で自分は蜷川新《しん》右衛《え》門《もん》の孫だと偽り、騒動を引き起こす。新右衛門については、室町時代に足利家に仕えた武士とされているが、実際には架空の人物に近い。江戸時代に入ってから、一休頓智話が創作されていく過程で新右衛門像も膨らまされ、江戸社会でもわりと知られた人物名になっていた。

本作の地《じ》の文《ぶん》（語りの部分）では、新九郎が蜷川新右衛門の孫と偽ったことに触れている。ふとした出来心から「筋なき事」で難癖をつけ、嘘をついたとある。ここでいう「筋」は、偽物の血筋と、偽物の道理が掛け合わされている。西鶴が用いた「血で血を洗う」にも、血筋との掛け合わせの要素があった。

血筋をあらわす「筋」や「筋目」については、その正統性を強調する側面もあった。とくに「筋目正しき」という言い回しが典型的だった。そのため血筋の正統性とともに、物事の筋道といった倫理の部分を強調する余地も広がっていた。西鶴はそこに目をつけ、言葉の掛け合わせを試みていた。

†真の親子の見分け方

中国では古くから、実の親子かどうかを双方の血と骨によって鑑定する滴骨法《てきこつほう》という習俗が知られていた。親の遺骨の上から実の子とされる者の血を滴らせ、その血が骨に染み入るなら、本物の親子の証拠と判定された。実際の裁判に適用された記録も残されている。父の亡骸としては骨が確実に残り、その遺骨との親和性を調べるのに使う息子の身体成分には、滴らせることのできる血液が向いていた。

史書の『唐書《とうじょ》』巻百九十五「孝友列伝」に収められた王少玄《おうしょうげん》の伝記によると、彼の父は隋の末期に争乱に巻き込まれて死亡した。十歳のとき、母から父の死について知らされた少玄は、屍を探すために各地を歩いた。野原に白骨がたくさん散らばっていて、ある人から滴骨法を教わった彼は、さっそく実践してみた。骨を見るごとに自分の皮膚を切り、血を注いで回ったのである。すると十日ほどで父の遺骨を探し当てることができ、手厚く葬った。この話が皇帝の耳に届き、少玄は軍の計画に参与する参軍という官位に取り立てられた。

また『梁書《りょうしょ》』巻五十五の列伝「予章王綜《よしょうおうそう》」には、南朝の梁の武帝（蕭衍《しょうえん》）と長男の蕭綜《しょうそう》の逸話がある。かつて生母が、南朝の斉《せい》の皇帝だった蕭宝巻《しょうほうかん》の宮女だったことから、蕭綜は武帝の子ではないという俗説が流布していた。そこで蕭綜は滴骨法を試し、その場で通りすがりの男も殺して彼の血による反応とくらべてみたところ、やはり自分が武帝の子ではないと判明した。このときから叛意を抱き、のちに謀反を起こしたという。

滴骨法は日本にも伝わり、江戸時代の文学作品にも登場している。それとは別に、江戸文学には滴骨法と似て非なる鑑定法の「血合わせ」が出てくる。手順としては、親と子の血を交じり合わせる。骨対血だった滴骨法に対して、血対血の組み合わせになっている。この「血合わせ」は、おそらく江戸時代の日本で考案された国産の俗信と考えられ、舞台芸術の脚本にも広く駆り出されている。雛形的な用例が西鶴の作品にあり、後世になって定着した形とは異なる独特の判定法になっている。

『本朝桜陰比事』巻四の第三話「見て気遣《きづかひ》は夢の契」では、とある嫉妬深い京都の男が、もと公家屋敷で末席の女官を務めていた女を妻にする。容姿が麗しく、彼女ひとりで留守にするのを心配しながらも、あるとき行商の旅に出向かなければならなかった。

同じく京都の町内に当世風の伊達男がいて、行商男の妻に好意を寄せ、妻も恋心を抱いてしまった。夫が留守中のある晩、妻は例の男と契る夢を見て、男も同じ夢を見ていた。その不思議さを男仲間に話して笑い合っていたら噂になり、夫の耳にも入った。夫は夢だけの話でないと思い込み、奉行所に訴え出た。

お上は不義の証拠がないとしながらも、本当の「密通」なのか、ただの「夢の契り」なのか判定することにした。小さな銀の杯を二つ用意し、まず女の指の血を両方に滴らせた。それから「本夫」の指の血を片方の杯に、また「密夫」の血をもう片方の杯に滴らせた。すると「本夫」の血は女の血と交わってひとつに固まり、「密夫」の血は「筋立てわ（分）かりぬ」つまり分離した。この結果によって夫は気が晴れ、後々まで妻と添い遂げたという。

本作では、どちらが「本夫」なのか「密夫」なのか調べるのに、この判定法が使われていた。血のつながった親子ではなく、非血縁の間柄にある夫婦の証明なので、いわば道義的な次元で問われた「血合わせ」になっている。西鶴文学の研究では、本作のアイデアの典拠となる先行作が指摘されていない。西鶴の創案とは言い切れないにしても、その歴史は元禄文化の時代から大きくさかのぼることはないのだろう。

†無慈悲な生き胆物語

すでに見てきたように、薬材としての「生き胆」をテーマにした物語の歴史は古かった。『今昔物語集』には、言葉を発することができない王子のために娘が犠牲になりかける話があった。キリシタンへの弾圧が激しかった頃には、『阿弥陀胸割』という身代わりの物語が創作されていた。物語の結末には多様性がありながらも、いずれも最終的には主人公が、その信心深さによって救われていた。

ところが元禄文学の時代になると、同じ構想でありながらも、神仏の加護がともなわない類話も生み出された。その一作に数えられる西鶴の武家説話集『新可笑記《しんかしょうき》』（元禄元年、一六八八刊）巻一の第四話「生（き）肝は妙薬のよし」では、猟奇殺人事件が起きる。あるとき評判の美女が殺害されて「生肝」を取られ、遺体の枕元には小判が百両も置かれていた。原文には「腹かき切て生肝を取て」とあり、「胸」でなく「腹」と書かれているので、この場合の「生肝」は心臓ではないのだろう。

事件は三年後、唐突に解明された。手を下したのは、娘の墓前で手を合わせていた僧侶だった。同じく墓参に訪れていた娘の母に、彼は真相を告白した。事の発端は、自分が新参の武士として仕えた主君が難病にかかったことにあった。典薬（朝廷の薬司の次官）によれば、治療するには「五月五日生まれのいまだ嫁せざる少女の生肝」が必要だった。条件にある五月五日とは、疫病祓いの神として端午の節句で祀られていた鍾馗（しょうき）を連想させるところがある。そこで男は条件に合う娘を探し求め、犯行後は剃髪して仏門に入っていた。

主君への忠義のあまり、無謀な行動に走ってしまったことを、僧侶は娘の母親に懺悔した。その告白を聞いた母も恨む心を捨てて仏門に入り、生涯を終えている。ともに亡き娘の冥福を祈る形で物語は結ばれている。生身の人間であれば、実際にはこのようにしか対処できず、現実的な結びになっている。それでも神仏のご加護や身代わりなどによって人間が救われてきた過去の物語にくらべると、無慈悲な結末という印象を拭い去れない。しかしもはや、従来通りの霊験物語がヒットする時代ではなくなっていた。

西鶴が描いた多彩な作品群からすれば、「血合わせ」や「生き胆」をモチーフにした話は珍しい部類に属する。多分にエキセントリックな話題でもあり、乱発できなかったのだろう。その一方では、血筋のことをそのまま「血筋」と称したシンプルな用法もまた少ない。『本朝桜陰比事』にあった「血で血を洗う」のように、どこかに広がりを感じさせるテーマが好んで選ばれていたように思われる。

その西鶴に対して、血筋の「血」を終始ストレートに強調していたのが、近松門左衛門だった。この一点に関しては、両者の筆致は大きく異なっていた。

3 近松文学の造語

†出世した景清

「血」の解釈をめぐる江戸時代の展開は、文学の領域では元禄文学の担い手によって推し進められた。とくに近松門左衛門は、第一の牽引者になっていた。「血」というたった一字から、ありとあらゆる文章表現の可能性を引き出そうと試み、しだいに多彩になっている。そのすべてが現代語として、今日まで残っているとも限らない。その意味でも、江戸時代特有の「血」の表現が展開されている。

太平の時代をむかえてからも、源平の合戦を描いた作品の人気は根強かった。むしろ太平の世だからこそ、合戦という非日常空間への関心が高かった。原作を自在に脚色した物語が続々と生み出され、浄瑠璃や歌舞伎では舞台化が試みられた。とくに元禄年間（一六八八〜一七〇四）は、実際の合戦から数えて五百年という節目の時期にあたっていた。名高い武将たちの五百年忌が相次いでいたこともあり、好んで取り上げられていた。

　義経が奥州の平泉で戦死し、奥州藤原氏が滅亡したのは文治五年（一一八九）のことだった。それから五百年後の元禄二年（一六八九）に同地を訪れた松尾芭蕉（一六四四〜九四）は、城跡に立って往時の戦いを偲びながら一句詠んだ。それが有名な「夏草や　兵《つわもの》どもが　夢の跡」だった（『おくのほそ道』元禄十五年、一七〇二刊）。

　江戸時代の浄瑠璃は、義太夫節《ぎだゆうぶし》によって様式的に確立された。竹本義太夫《たけもとぎだゆう》（一六五一〜一七一四）は、諸流の浄瑠璃の長所を取り入れて義太夫節を生み出し、貞享元年（一六八四）には大坂の道頓堀に竹本座を創立して人気を博した。他の浄瑠璃は義太夫節に押されて衰退し、のちには浄瑠璃といえば義太夫節をさすようになった。義太夫節を新浄瑠璃（当流浄瑠璃）、それ以前を古浄瑠璃ともいう。義太夫と提携して作品を提供し、一躍その名を高めたのが近松門左衛門だった。

　近松は初期の作品の段階から、源平の世界を積極的に取り上げた。しかも現世的な価値観が、大いに反映されている。登場人物が「前世」や「来世」を口にすることはあっても、物語が神仏の慈悲心にゆだねられる結びではなくなった。景清物の『出世景清《しゅっせかげきよ》』（貞享二年、一六八五初演）も、ただの霊験物語では終わらない。

　本作での景清も捕まって首を刎ねられてしまうが、獄中で生きているという報告が源頼朝に届く。首をさらした三条縄手《さんじょうなわて》に将軍みずから出向いてみると、景清の首は千手観音《せんじゅかんのん》の首に変わって後光を放っていた。観音像が安置してあった清水寺では、首のない観音像から血が流れていた。その霊験に感じ入った頼朝は、景清を放免したばかりか日向国《ひゅうがのくに》にある宮崎の荘《しょう》を与えた。そして今回の一件が、源氏の繁栄と国家の安泰につながるであろうと皆で喜び合ったと結ばれている。

タイトルに冠された「出世」は仏教語で、衆生を救い導くために仏がこの世に仮に出現することをあらわした。『日葡辞書』では、例文の「世に出づる」について「この世に出てくること、すなわち、この世に生まれること」と説明している。現世に「出世」した観音様のご加護は『出世景清』にも色濃く、景清自身も信心深く描かれていた。他方で人間が仏門に入る「出世間」を省略した「出世」もあり、いずれも仏教的な用法になっている。

ところが同じ人間を主語にした場合でも、いわゆる昇進を意味する用法もあらわれた。『日葡辞書』の解説の後半には「坊主の間にある、或《あ》る階級に上がること」とあり、僧侶が高位に昇ることもあらわした。とくに公卿の子息が剃髪して出家したときには、昇進が早かった。こうした寺院内での慣例がもとになって、俗世間での昇進もカバーするようになった。そこから現代語の意味につながっている。

その現代的な要素も『出世景清』に描かれ、景清は最終的に領地を賜っている。従来の景清物ではその地に流され、あるいは流された日向から再出発していた。その境遇にくらべると、近松作の景清は頼朝を討ち取るために世を忍びつつも、最終的に世に出て栄えるきっかけを手にしていた。観音様による身代わりという旧来の構図は守りながら、社会復帰の可能性を見せていたのである。世に出現した仏や、世から出たアウトロー的な姿だけでなく、いわば立身出世した人間像まで伝える元禄期の「出世」は、近松の描く景清の境遇を一語で集約するのに最適だったと思われる。

血筋の血という発明

近松作品では血縁関係をさす「血（の）筋」や「血脈」がふんだんに使われ、西鶴とは大いに異なる。浄瑠璃史でも事実上、近松作品から使われ始めたといっても過言ではない。彼はさらに「血を分けた」親兄弟といった具合に「血」一字で血筋をあらわす表現を多用している。抜き出した以下の『三世相《さんぜそう》』『佐々木先陣』『薩摩守忠度《さつまのかみただのり》』は初期の作品に属し、いずれも貞享三年（一六八六）に竹本座で初演されている。

いかに血を分けぬとて、親子と名づくは一世二世の縁ならずや（『三世相』）
血を分けし汝等二世と契りし女房より……（『佐々木先陣』）

血を分けし汝が兄の六弥太なりとも……（『薩摩守忠度』）

ここにある「血を分け」云々のように「血」を単独で用いたのは、近松浄瑠璃が最初期だったと考えられる。最小単位の言葉ができたことによって表現の幅が格段に広がり、ちょっとした発明品に等しかった。

右の三作と同じく、貞享三年に上演された『主馬判官盛久《しゆめほうがんもりひさ》』には、江戸時代ならではの「血脈」が記されている。物語の末尾に置かれた「源氏大系図」では、頼朝が源平合戦の慰霊と源氏の長久を願って鶴ヶ岡に千羽の鶴を放ち、源氏の諸家の系図を宝殿に納める。その系図を読み上げさせる場面があり、冒頭に「源家《げんけ》一流、正統の血脈恭しくして、その水上を鑑《かんが》みれば」云々とある。源氏の「一流」や水源（祖先）としての「水上」など、水の流れに仮託した伝統的な血筋の表現に、近松は江戸時代風の「血脈」を接ぎ木している。

もっとも特徴的なのは、単に「血脈」とするだけでなく「正統の血脈」と書かれている点にある。仏道や芸道など、中世以前の「血脈」は一子相伝の重みが最初から備わっていた。ところが血筋の意に転化した「血脈」の場合、もはや継承の正統性までは伝えられない。生まれてくる子はみな「血脈」を受け継いでいるとするのなら、選ばれし後継者の資質や自負のことは抜け落ちてしまう。そうなると、由緒ある血統であることを伝えるには「正統」など別の言葉を改めて補わなければならなかった。

もう一点、付け加えておきたいのが「血の余り」の読み替えである。東洋医学では、頭の中をめぐる血液の余りものとして、髪の毛になって生え出ると考えられていた。明の李時珍《りじちん》（一五一八～九三）がまとめた博物書の『本草綱目《ほんぞうこうもく》』（一五九六刊）巻五十二「人部」には「髪者《は》血之《の》余」と書かれている。本書が輸入漢籍として江戸社会に流布するにともない、この知識も改めて知られていた。今でも漢方では、髪の毛のことを「血余《けつよ》」ともいう。

ところが血筋の「血」が形成されたことにより、源義経のような末っ子のことを「血の余り」「血の緒（尾）」「血の末」などとも呼ぶようになった。頭髪から末っ子への語義変化は、江戸時代ならではの推移になっている。血筋の「血」が普及したことによる余波のうち、もっともささやかな変化だった。

以上のことを五百年前の「血」と比較してみると、落差の大きさは歴然としている。死や穢れと不可分ではなくなり、現代語の感覚に接近して「骨肉」や「身体髪膚」と同格になっている。江戸開府から百年近くをかけて実現したこの変化は、日本人の「血」意識や死生観にまでつながる大きな意識変革だった。

これほど大きな変革だったにもかかわらず、江戸時代を生きた人びとが明確に自覚したことはなかった。おそらく、そうなった理由の一端は、近松浄瑠璃に代表される時代物の上演にあった。舞台上で人形の頼朝や義経らが親兄弟の「血筋」を語って聞かせれば、鎌倉時代に存在した言語表現と受け取られやすい。しかし実際には、原典の物語で「骨肉の兄弟」などと表現されていたものが、江戸時代の台本で「血を分けし兄弟」と書き替えられていた。こうして江戸時代語への翻訳が、知らず知らずのうちに進行していたのである。

やがて浄瑠璃から人間の役者が演じる歌舞伎にも移し替えられる作品が登場し、舞台上の役者も親兄弟の「血筋」を口にするようになった。そういう大衆的な翻訳によって徐々に更新されていくと、日本語「血」の新解釈という自覚も芽生えにくい。むしろ新しい意識が育った江戸時代を基準にして、過去の言語感覚が切りそろえられていった。そうなると意識が転換した経緯や起源の問題を問う声も生じにくく、現にそのまま今日に至っている。

†曽我兄弟の物語

『平家物語』には多くの有名人が登場し、至るところにドラマがある。全巻にわたって、名場面が散らばっている。そのかわり全編を通じて活躍する共通の主人公は存在せず、謡曲や舞曲などで脚色される際には、人物や場面単位で切り分けられていた。義経に焦点を当てた判官物は、物語全体の一角を占めているにすぎない。

その判官物と並んで、源平の合戦をテーマにした軍記物の代表格になったのが『曽我物《そがもの》語《がたり》』に由来する曽我物だった。曽我とは、祐成《すけなり》（一一七二〜九三）と時致《ときむね》（一一七四〜九三）の曽我兄弟のことをいう。彼らがまだ子どもだったとき、頼朝に仕えた工藤祐経《くどうすけつね》（?〜一一九三）に父を討たれた。それから十八年間に及ぶ臥薪嘗胆《がしんしょうたん》の日々をへて、彼らは雨模様の富士山麓で敵討ちを果たした。最終的に、兄は頼朝側に敵対したかどで討ち取られ、弟は捕らえられた末に打ち首になり、本来は悲劇の色合いが濃厚だった。その実話にもとづいて種々の作品が生み出され、脚色がなされた。

十巻本の原典版『曽我物語』は、鎌倉時代の末期から室町時代の初期にかけて東国で成立したとされる。真名《まな》（漢字）による独特の漢文体で叙述され、真名本と呼ばれている。漢字仮名交じりの和文でまとめられた室町時代の流布本『曽我物語』は、先行作の『平家物語』から文章を多量に取り込んでいる。幸若舞や謡曲だけでなく、江戸時代の浄瑠璃や歌舞伎などでも、曽我兄弟をテーマにした作品が続々と生み出されて人気を博した。一連の曽我物は、義経の判官物とくらべても遜色がなかった。

ただし太平の江戸時代にあっては、もはや敵討ちなど現実味が薄かった。忠臣蔵の一件が社会的に注目されたのは、滅多にお目にかからない出来事だったからでもあった。曽我兄弟の逸話も、もはや昔話だった。そのため原作の『曽我物語』も、時代の流れに応じて脚色されている。敵討ちに至る前の人間模様のほか、大磯《おおいそ》の虎御前《とらごぜん》（祐成の妾）や化粧坂《けわいさか》の少将《しょうしょう》（時致の妾）

との恋愛や支え合いなどに焦点が当てられるようになっている。

曽我兄弟による敵討ちは、建久四年（一一九三）五月二十八日の夜半過ぎに成し遂げられた。当時、舞台となった富士山麓の狩り場は激しい雨模様だった。語り伝えられていた当初から曽我兄弟と雨天との結びつきは強く、「曽我の雨」という言葉も生まれた。虎御前の悲しみの涙にちなんで、「虎が雨」ともいう。歌舞伎十八番のひとつだった『助六《すけろく》（由縁江戸桜《ゆかりのえどざくら》）』では、曽我時致が花川戸助六《はなかわどのすけろく》という仮の姿に扮してあらわれる。その助六が蛇の目傘をさしているのも、「曽我の雨」の逸話が世に広く知られていたことを物語っている。

近松も曽我物に取り組み、最後に書いた『曽我会稽山《そがかいけいざん》』（享保三年、一七一八上演）が集大成になっている。会稽山とは、春秋時代に越王《えつおう》の勾践《こうせん》が呉王《ごおう》の夫差《ふさ》に攻められて籠った山だった。敗れた勾践は恥辱に耐え、のちに呉を討って仇を報いた（『史記』「越王勾践世家」）。その故事から、ひたすら耐え忍んで復讐の志を成し遂げることをいう慣用句の「会稽の恥（を雪《すす》ぐ）」が生まれた。

そこで近松は、敵討ちの舞台となった富士山を中国の会稽山に見立てた。もとの『曽我物語』にも会稽山の逸話があり（巻五「呉越の戦ひの事」）、早くからなぞらえられていた。その『曽我会稽山』は、五月二十八日の寅《とら》の刻（午前四時前後）に始まって翌日の同時刻で終わる、昼夜二十四時間のドラマに仕立てられていた。時間が限られているため場面展開が早く、特有の緊迫感を醸し出している。
敵役となる工藤祐経は、原作以上の悪役に仕立てられている。「狩場の仮屋の場」（第三段）に登場する祐経も、命を狙われているのを承知で無頓着に遊興しているように見えた。しかし実は曽我兄弟に先手を打ち、京《きょう》の小《こ》四《し》郎《ろう》という「種替《たねがわ》り」つまり異父兄弟にあたる兄に金品を握らせ、曽我の里にいる母のもとに忍ばせてあった。祐経のスパイ役の小四郎に母親が何でも話してしまう哀れな様子を、近松は「血筋」の暗部といった言い方で表現している。すなわち母は「血筋の恩愛」に騙され、箸が転げるような些細なことまで包み隠さず話した。だから小四郎は、曽我兄弟の情報をやすやすと聞き出すことができたとある。

つい話しすぎてしまうことは、当の母にも自覚があった。母の嘆きの言葉を通じて「我が子の絆にからまれて、闇より闇に迷ふ身」と自嘲気味に語っている。子どもを見る親の目はどうしても甘口になってしまうという成句をふまえたもので、「子ゆゑの闇」とか「子を思ふ心の闇」ともいう。この成句は『古今和歌集』に次ぐ第二の勅撰和歌集となった『後《ご》撰和《せんわ》歌集《かしゅう》』に収録されている藤原兼輔《ふじわらのかねすけ》（八七七〜九三三）の歌に由来している。

人の親の 心は闇に あらねども 子を思ふ道に まど（惑）ひぬるかな

人並みの常識感覚を備えた大人でも、親として子に接するときにはつい手心が加わって「闇」になりやすいことを詠んでいる。『曽我物語』にも「人の親の子を思ふ闇に迷ふ道」（巻十二）などとある。続く一節では、愚かな子でもいとおしく、五体満足でなくとも可愛いと述べられている。こういう時代を超えた親心に対して、近松流に「血筋」が掛け合わされて「血筋の恩愛」に仕立てられている。

†血の雨いまむかし

物語の終盤、敵討ちの舞台となる富士野の狩り場でも、雨が重要なモチーフになっている。曽我兄弟が潜伏しているという情報を得た頼朝は、狩りを中止した。もし夜中に雨が降れば、この地で雨宿りしてから、明日の早朝には鎌倉にもどることにした。もし降らなければ、今晩中に一団を率いて立ち去ることにした。そのため今晩に賭けるしかなくなり、兄弟は天の慈雨を願った。曽我の里から富士野の狩り場に向かっていた母と虎御前・少将もまた、頼朝が今晩の出発を見合わせるようひたすら慈雨を祈願した。その際の虎御前と少将による雨乞いの祈願方法が、江戸時代よりも前には考えられなかった流儀になっている。

出だしは「二人の願女が、一身の血を絞つて雨となし」とある。このあと二人は小指を嚙み、流れる涙とともに指の血を袖に垂らして虚空に散らし、全身から汗を流しながら天地を礼拝しって雨を祈願した。その健気な願いに天も即座に感応し、晴天だった空模様がたちまち常闇となって稲光が走り、富士山麓は一挙に大雨と化した。彼女たちは嬉しさのあまり、着物が濡れるのも構わず天に感謝して伏し拝んだ。狩り場にいた曽我兄弟は、腰に付けていた烏帽子《えぼし》に受け止めて酒代わりに飲み、突然降ってきた恵みの雨に感謝したとある。

これに続く箇所は、身を刻んで血の雨を呼び起こした二人の女性のことをふまえて書かれ、独特の「血」がいくつか出ている。降り続ける雨は、恩愛の親と妻が流した血の涙の結晶だが、親子夫婦の絆ともいえる血を飲んでいる事実を当の兄弟は知らない。それは実に不憫なことだと、作者の立場から言い添えられている。

降りくる雨は恩愛の。親と妻との血の涙。親子夫婦の血を飲むと、思ひ知らぬぞ哀れなる。

血の雨を飲む発想が中世社会に成り立たなかったのは当然として、江戸時代であっても一般的ではない。今の目からみても独特な、まさに近松的な演出だった。むろん狩り場に降ってきた恵みの雨は、本物の血でない。「親子夫婦の血」で結ばれた「恩愛」の絆が天に届いて、地上に注がれた雨水だった。それを幻想的な形で示していた。

真名本に種々の逸話を加えてまとめられた流布本『曽我物語』には「血の雨」にまつわる話

がひとつ出ている。巻六に収録された「仏性国の雨の事」によると、その昔、仏性国（インド）に血の雨が降って国土全体が紅に染まった。この奇怪な現象を易者が占ったところ、不吉な子どもの誕生を暗示する凶兆だと判定された。現にその日に生まれた千人余りの赤子のひとりが人食い鬼に育ち、七万二千人もの人間を食い尽くした。それを仏様が憐れみ、彼のもとに使者を遣わして仏道に入らせた。まるで怪物のような者にさえ悟りの機縁があるのなら、曽我兄弟の場合も来世で再会できるのではないかと述べられている。

この逸話に出てくる血の雨は不吉な出来事の予兆であり、出典としては平康頼《たいらのやすより》の『宝物集《ほうぶつしゅう》』巻七にある同タイプの逸話が指摘されている。もともと血の雨といえば、こういう凄惨なイメージをともなう受けとめ方が一般的だった。今でも壮絶な戦いを予想して「血の雨が降る」などという。それにくらべると近松が描いた血の雨には、血の絆がもたらす慈雨の側面が打ち出されていた。映像的な不気味さの割には、晴れ晴れとした趣さえ漂っている。

虎御前と少将が捨て身で慈雨を祈願した場面で、彼女たちは血とともに汗や涙も流しながら、天に訴えかけていた。そこに流されている血と汗と涙は、いうなれば人間の生命力や気力の尊い結晶だった。字面からみると、後年に定着した「血と汗と涙の結晶」に通ずるひとつの原型になっている。江戸時代の「血」が、汗や涙と同等の体温を獲得したことによって、現代的な表現方法が世の中に定着していった。

「血」にまつわる表現の数々は、すべて近松の創作だったわけではない。それでも従来の古浄瑠璃の作品群にくらべると、アイデアは格段に豊富で新鮮だった。彼が新しい受けとめ方を世に知らしめた功績は大きく、後世の書き手にも踏襲されている。

†受け継がれる穢れ

親兄弟の「血筋」の絆といった表現が普及すると「血」に対する好印象が増し、穢れを感じ取って忌避する意識は薄められていった。ところが一方では「血筋」の穢れという新たな意識が生み出され、源平の合戦を描いた浄瑠璃作品にも描かれている。ここでいう「血筋」の穢れとは、いわゆる格差婚や敵対する家柄との婚姻がもとになって意識されていた。源氏と平氏の対立が根底にある物語には、わりと組み込みやすかった。

大坂の脚本家だった紀海音《きのかいおん》（一六六三〜一七四二）の作品に一例があり、やや遠回りする形になるが取り上げてみる。道頓堀の竹本座の座《ざ》付《つき》作者だった近松に対して、海音は同じ道頓堀の豊竹座《とよたけざ》のために浄瑠璃を執筆した。一時期は名声を競い合っている。その海音の『末広十二《すえひろじゅうに》段《だん》』（正徳五年、一七一五初演）の第四段には、義経四天王のひとりになる伊勢義盛の境遇が描かれている。

商人の金売吉次《かねうりきちじ》とともに道中にあった牛若丸は、かつて京都で出会ったことのある、みささ

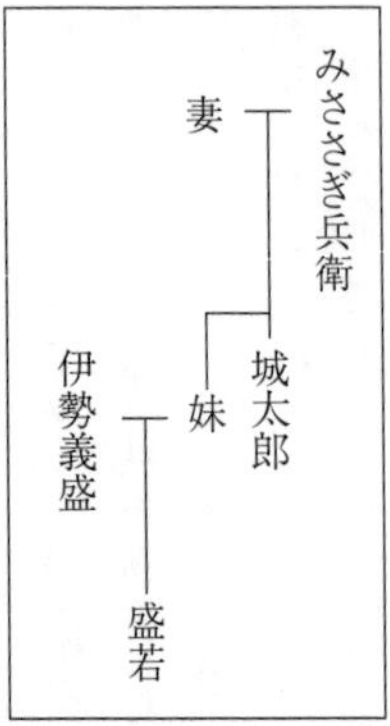

図2　『末広十二段』の登場人物の系図。城太郎は義盛の義兄にあたる。

ぎ（陵）兵衛《ひょうえ》の屋敷に立ち寄った。しかし厄介なことに、長男の城太郎時興《じょうたろうときおき》は平家に仕官し、めざましく昇進していた。兵衛もまた、以前鞍馬寺で会った牛若丸のことを忘れていた。奢れる平氏を打倒するため、仲間になってもらおうと立ち寄った旨を伝えると兵衛は当惑して押し黙り、むしろ牛若丸を説得しようとした。近頃は平氏の繁栄を羨む人はいるけれども、歯向かう人はいない。わずかの手勢で戦っても勝ち目はなく、無駄死にする必要はないという。横にいた城太郎も自身の立場を強調し、お帰りくださいと言い放った。

そこに割って入ったのが、伊勢義盛だった。本作での彼は城太郎の妹の夫という設定で、義兄の城太郎を諌めた義盛は、これまでのいきさつについて説明した。城太郎が平家に奉公したのは二、三年前のことにすぎず、対する牛若殿が上京なさったのは七、八年前のことなので、まだ城太郎は平家に召し出されていなかった。その段階で結んだ助太刀の話なのだから、従うべきだと主張した（図2）。

しかし城太郎は、すでに平家のお世話になっている現状を考えるべきだと答え、二人は口論の末に斬り合い寸前に至った。それでも耐えて押し黙る兵衛の気持ちを牛若丸も受け止め、平家のために忠義を尽くせばよいと語りかけ、一泊だけ世話になることにした。

このあと用意された酒の席に進み出た義盛に対して、牛若丸は平家の親族の酒は受けられないと怒りをあらわにした。戸惑う義盛を穢らわしいと押しのけ、源氏の家臣でありながら平家方の臣下の縁者になって妻と共々養われているとは何事だと言い放った。そうして義盛を追い出すと、寝入ってしまった。

義盛の妻は、生まれつき目が不自由だった。親の兵衛にしてみれば、尼にするのも可哀そうなので、義盛に妻として娶るよう頼み込んでいた。それを義盛は快諾して結婚し、やがて盛若《もりわか》が生まれた。しかし妻は今日の事態に陥った責任を痛感し、夫の義盛と即刻離別すると牛若丸に伝え、義盛を連れて旅に出てくださいと頼んだ。その辛い心中を察しながらも、牛若丸はなおも横になったまま返事をしなかった。

妻は悲嘆に暮れ、義盛は切腹の覚悟を決めた。今や平家方となった家に八、九年も養われ、自分は穢れてしまった。その「腸《はらわた》」を洗ってみせよという義経殿のお心なのだろうと口にして、脇差を引き抜いた。すると妻が止めに入り、それよりも「穢れた脈《ちすぢ》」を分け与えられた盛若の「腸」を洗ってくださいと頼んだ。盛若には自分の血が半分流れているから、この子こそ穢れた子だと進言したのである。原文にある「脈」の字に添えられた振り仮名は「ちすぢ（血筋）」になっている。

夫婦の覚悟に感じ入った牛若丸は起き上がって二人を許し、切腹は回避された。このあと城太郎と手下らが夜討ちを仕掛け、牛若丸や義盛らは取り囲まれた。だが、その場にあらわれた兵衛によって諫められ、出立の道が開かれて第四段は幕となる。

血縁関係でいえば、義盛は牛若丸の郎党であり、源氏の血族ではなかった。対する城太郎も平家に仕える身とはいえ、平家の血族ではない。よって義盛夫婦が感じ取った「血筋」の穢れといっても、源氏の血統に平家の血が混じったわけではなかった。義経に対する不義といった負い目から、落ちぶれた家筋と受け止めた解釈が「穢れた脈」なのだった。

たとえ創作された虚構の物語であっても、公式に上演されれば「血筋」をめぐる新たな視点を観衆や世間に提供することになる。『末広十二段』の場合、息子の盛若に対して語られた穢れ「穢れ」は、二つの点で目新しかった。ひとつは、嫡子をはじめとする男性に限定された穢れという点である。室町時代に広まった血の池地獄説のように、女性を対象にした血穢が意識されていた頃とは異質な認識になっている。

第二の新しさは、その穢れが消えてなくならないことだった。かつて『延喜式』などに規定されていたように、流血の事態に接した人は所定の日数だけ謹慎すれば、穢れを拭い去ることができた。種々の事態を想定し、個々に解決策が用意されていた。ところが「血筋」の穢れは、子々孫々に受け継がれていくと認識されている限り、拭い去りようがない。実際の流血がともなわない観念的な穢れなので、逆に意識の上では消し去るすべがなかった。

第二のケースについては、舞台上のフィクションで済まされなかった。江戸社会の血縁関係にかかわる新興の穢れが、文芸とは異なる領域から浮かび上がっている。とくに遺伝病とみなされた疾病に対して、「血筋」の穢れという解釈が生み出されていった。そうして一部の患者たちに、風評被害が生じている。これは生命力を象徴する「血」が形成されてからあとの新展開だった（第四章・第五節）。

4 元禄期の国際交流

†健康志向と養生訓

漢方の知識が民間レベルで広く普及したのは、出版文化が発達した江戸時代のことだった。健康志向が強まり、医療や薬材への関心も高まっていたことも大きい。幕府が開かれて百年近く経過した元禄期になると、戦乱や争乱に巻き込まれて命を落とすことを心配する人は、ほとんどいなかった。また農業をはじめとする諸産業の技術水準が向上し、ものづくりの経営が安定してくると、飢えや寒さに怯える人たちは以前よりも減ってきた。そうなると誰でも心がけひとつで長生きできるようになり、その生きる意欲を後押しする健康産業が発達した。薬種店《やくしゅだな》と呼ばれた漢方の薬屋が増え、常備薬を置く家庭も増加している。

薬材の研究から出発した本草学については、李時珍の『本草綱目』（一五九六刊）が大きな画期になった。慶長十二年（一六〇七）に渡来して数種の和刻本が刊行され、日本の本草学の発展に寄与した。その『本草綱目』も参考にしてまとめられたのが、貝原益軒（一六三〇〜一七一四）の『大和本草《やまとほんぞう》』（宝永六年、一七〇九刊）だった。益軒は国内各地をみずから探索し、拾い集めた知識も取り入れて整理した。独自の分類法にもとづいて和漢洋の動植物や鉱物を区分し、読みやすい和文で記述している。薬草の知識も多い。

その益軒が『大和本草』刊行の三年後に出したのが『養生訓《ようじょうくん》』（正徳二年、一七一二刊）だった。この大著もまた、当時の健康志向を背景にして広く読まれ、江戸時代を通じて予防医学のベストセラーになった。「気」と「血」のバランスから病理を把握するといった、原則的な理論は当然書かれている。それに加えて、どのような生活を心がけていれば「気」や「血」を健全な状態に保つことができるのかという実用性の部分もくわしい。実社会が求めていたのは、抽象的な医学理論や哲学思想ではなく、実践的な知識だった。

『養生訓』以降になると、古医方《こいほう》と呼ばれた復古的な医師たちが台頭している。彼らは金《きん》や元《げん》の医学説を排し、実践を重んじた晋《しん》や唐以前の医学に立ち帰ろうとした。また徳川吉宗の前後から蘭方の医学が発達し、西洋の解剖学に依拠した外科や内科の知識も徐々に知られるようになった。そういう新展開をむかえる前の、伝統的な「気」や「血」がまとめられた書物として『養生訓』の内容をたどってみる。

巻一は「総論上」と題され、冒頭では父母から受け継いだ身体への理解をうながしている。「身体髪膚」や「父母の遺体」といった考えもふまえながら、自己管理の心得が説かれている。人体は父母の体をもとにして成り立ち、その恵みを受けて養育されたのが我が身なので、決して自分だけの体ではない。「父母の残せる身」だから、それを養うように努める。そうして「そこな（損）ひやぶ（毀）らず」、心がけながら、天与の寿命を全うしなければいけないと益軒はいう。

書名に冠した「養生」についても、巻一に言及されている。まずは「心気を養」い、心を温和にして「気」を静め、怒りや欲望を抑え、心配事を減らさなければならない。睡眠に関しては、長く寝ていると「気滞りてめぐ（巡）らず」の状態になるので、寝ることを好んではならない。食後、胃の中にあるものが消化されていないまま寝てしまうと「食気」が塞がって「元気」を損なうので、戒めなければならない。酒は少し酔う程度に嗜み、食事は腹一杯食べてはならない。また、若い時分から色欲を慎んで「精気」を惜しまなければならない。「精気」を多く費やしてしまうと、体内の「気」が弱まって「元気の根本」が絶え、短命になると益軒は懸念している。食事に関する『養生訓』の言葉がもとになって、成句の「腹八分」が誕生したことは名高い。

益軒は本書全体を通じて「気をめぐらし」「元気をめぐらし」「血気をめぐらし」といった表現を多用している。「元気」とは「病気（気が病む）」になる前の、もとの健康な「気」の状態のことをいう。「気」の「めぐり」が悪い状態を「滞り」と称し、「血気めぐりて病なし」といった形で健康への道筋を示した。その上で、日常生活の場面ごとに本来あるべき「気」について語り、読者に自覚をうながしている。

全体で六十回ほど使われている「血」の半数以上は「血気」か「気血」の形であらわれ、その停滞や衰えなどの要因から種々の病理が説かれている。数例ある「血脈」のいくつかは、事実上「血気」と大差がない。巻二には後漢末期の伝説的な名医だった華陀《かだ》の言葉が紹介され、人間は体を動かせば「血脈流通す」と出ている。このあとに「血気めぐりて滞らず」と言い換えているので、ここでの「血脈」も「血気」に近い。

このように『養生訓』では、伝統的な漢方をふまえて「気血」や「血脈」を説いていた。『養生訓』以降の漢方系統の書籍でも、基本的にはテーマごとに漢籍の医書から選び取って学説を紹介していた。その上で私見を織り交ぜ、独自性を打ち出すことができた。だから理屈の上では、持論の部分に血筋の「血脈」が使用されていてもおかしくはない。だが漢方的な

「血」や、経絡に近い「脈」も合わせて書かれていると、紛らわしくなりやすい。そのリスクを考えると、あえて使用する必要はなかったともいえる。

†貝原益軒と西川如見

『大和本草』をまとめた貝原益軒は、同じ福岡藩の農学者だった宮崎安貞《みやざきやすさだ》（一六二三〜九七）の師匠でもあった。日本初の農業技術書となった安貞の『農業全書』（元禄十年、一六九七刊）では叙文《じょぶん》と跋文《ばつぶん》（後序）を担当している。さらには全十巻の本編に加えて、付録の巻十一を「貝原楽軒《らくけん》（益軒の別名）著」と明記して執筆した。農業の大切さから書き起こされ、そこから歴史をひもといて時代ごとの農業のあり方などに触れ、神代巻にさかのぼっている。

もともと益軒は、備中国《びっちゅうのくに》（岡山県）の吉備津《きびつ》神社の神官の子孫でもあった。そのため儒者でもあり神道思想も兼ね備えた立場だった。そのような神道を儒家神道ともいう。江戸時代の儒者の先駆けとなった林羅山も、朱子学の立場から神道を解釈した。『神道伝授』や『本朝神社考』といった著述も残されている。

益軒は『農業全書』巻十一の一節で、アマテラスと神功皇后《じんぐうこうごう》（仲哀《ちゅうあい》天皇の皇后）の「御子孫」について論じている。「御子孫」のうち「御嫡流」は代々皇位を継承し、「御庶流」は将軍家として長く天下の実権を握ったとある。それに続けて、これらはみなアマテラスと神功皇后の

「御末葉」であり、それぞれ「御血脈」を受け継いできた「神孫」だと述べている。

たとえば鎌倉幕府の初代将軍となった源頼朝は、清和源氏の出身だった。清和源氏とは、平安時代の前期に清和天皇（八五〇～八八一）の皇子や孫のうちの何人かが臣籍降下《しんせきこうか》し、源氏を名乗ったことにさかのぼる。臣籍降下とは、皇族がその地位を離れて新たに姓を与えられ、臣下の籍に降りることをいう。

益軒のいう「血脈」は、天皇家の「嫡流」だけでなく、将軍家の「庶流」にもつながっていた。後世になるほど子孫が増えていく「血脈」であるからには、現代的な血筋のこととしか受け取れない。その点、中世の吉田神道が用いていた「血脈」は一子相伝の系譜であり、血族としてのすそ野の広がりは意識されていなかった。同じアマテラスを念頭に置きながらも、江戸時代になると益軒のような解釈も可能になっていた。こうして血筋の「血脈」が台頭すると、従来の一子相伝型の「血脈」との識別が必要になってきた。紛らわしくなった反面、新たな神道思想を展開する余地が生じていたともいえる。

一方で益軒は『養生訓』で「気血」に近い「血脈」も用いていた。同じ人物が著作によって、あるいはテーマによって同じ言葉を使い分ける時代をむかえていた。それだけ「血脈」の語義は、広がりを見せていた。

その益軒と同じく、元禄期の前後に活躍した西川如見《にしかわじょけん》（一六四八～一七二四）は、長崎の町人学者だった。彼が暮らした長崎は、オランダや中国など交流のある海外諸国との窓口だった。その地の利を生かし、如見は最新の海外情報を集めて著作を次々に刊行していた。その一冊となる教訓書の『町人嚢《ちょうにんぶくろ》』（享保四年、一七一九刊）には、益軒が『農業全書』に書いていたことを思わせるような「血脈」論が展開されている。

『町人嚢』の巻四で、ある書物からの一節と前置きして、その内容を紹介している。すなわち「日本は異国に違ひて神系を尊びたる国」だから、家柄の良い「高家」はすべて「神明（アマテラス）の血脈」である。また「道徳広才秀逸」な人は、かならず「公家・武家」から出ていると述べられていると如見はいう。

その上で如見は、某著者の意見に反論する。「貴人の血脈」つまり高貴な家柄の血筋を引く子が有徳の君子になるのなら、胎教や幼少期の手習いなどは必要ない。現実的には育て方しだいであり、どれほど「凡卑の血脈」でも、しっかり胎教をほどこせばよい。生まれてからも、十分に教育して能力を伸ばせば、その品性は「高位高官の人」に変わらないという。結びに「人間は根本の所に尊卑有（る）べき理なし」と書かれている。

この一節に関しては、如見が思い描いた平等論や世襲批判などと評されることもある。益軒とほぼ同じ時期にこのような主張も見られ、先天的な資質か後天的な教育かといった両極の意見が並び立っていた。当時の人たちは、益軒や如見が書いた「血脈」論などを読むことによって、従来以上に血筋を正面から意識するようになったと考えられる。

†じゃがたらお春

長崎を窓口にした往来や貿易は江戸時代になっても続けられ、わずかながら国際結婚が実現していた。そうなると、今でいうところの「混血」について当時はどのように考えられていたのか、という疑問が湧いてくる。結果的に「混血」は誕生しなかったが、それに相当する別の表現が生み出されていた。

西川如見の『長崎夜話草《ながさきやわぐさ》』（享保五年、一七二〇成立）は、晩年をむかえた如見が口述し、息子の正休《まさよし》（一六九三〜一七五六）が筆記してまとめた。この本には、国際結婚の例が二つ紹介されている。巻一に「蛮人の子孫遠流《おんる》事」があり、寛永十三年（一六三六）に発された、いわゆる第四次の鎖国令のことが出ている。このとき貿易に関係のないポルトガル人と日本人との混血児を含む、その妻子二百八十七人をマカオへ追放している。残りのポルトガル人は、出島に移したとある。

混血児の処遇については、まず「血脈父を本として母にはかま（構）ひなし」とあり、原則的に父親の「血脈」を基準にするので、母親は放免する。だから母が「日本の種」で父が「蛮人の血脈」であれば、母親は追放されない。父が日本人で母が「蛮人の血脈」のときは、母だけ追放して子どもは日本に留めるともある。このほか、親族の組み合わせを変えた種々の事例が示されている。以下の描写によると、発令されたことによって夫婦や姉妹が離れ離れになり、町の人たちの悲しみは尽きなかった。一時的な別れでさえ辛いのに、永遠の別れはこの世のものと思えないほどの辛さだったとある。

右の一条に血筋の「血脈」が出ているのは、『長崎夜話草』を書いた如見の文章だからだった。寛永期に出された実際の禁令に、血筋の「血脈」が使用されていたわけではない。いわば如見の元禄時代的な翻訳が、ほどこされていた。

続く一条「紅毛人《おらんだじん》子孫遠流の事 付 ジヤカタラ文《ふみ》」は、通称じゃがたらお春《はる》と呼ばれているお春（一六二五〜九七）の逸話で名高い。彼女の父はポルトガル商船の航海士だったイタリア人のニコラス・マリンで、母は長崎の貿易商の娘だった。日本人の母については、マリアという洗礼名しか今日に伝わっていない。その父母から生まれたお春は、当時としては珍しい混血の子女だった。寛永十六年（一六三九年）の第五次鎖国令により、長崎に在住していたオランダ人とその家族は、バタヴィア（現ジャカルタ）に追放された。母のマリアや姉のお万《まん》らとともに、お春も十四歳で離日している。

彼女が遠く離れた故郷を偲んでしたためた手紙が、「じゃがたら文」として知られている。正確にいえば、追放された人びとが日本に書き送ったものはみな「じゃがたら文」だった。とりわけ、お春の手紙が『長崎夜話草』経由で有名になっていた。ただし文章が流麗すぎるため、すでに江戸時代の時点で如見の創作と考えられていた。基本的に『長崎夜話草』の一部なのだった。理屈の上では「混血」という言語表現が成立する潜在的な可能性を秘めた、その最初期に位置している。

手紙の前に置かれた如見の解説によると、「紅毛国（オランダ）」も「蛮国（ポルトガル・スペイン）」に風土が似ている。そのため彼らの「種子」は、「日本の種子に混雑すべからず」という政治判断が下された。その結果、平戸や長崎に滞在していた「紅毛血脈のともから（輩）」つまりオランダ人の家族ら十一人をバタヴィアに追放したという。ここでは血筋のことが「種子」と書かれている。混血については「混雑」とあり、現代語の感覚に引き寄せれば、交雑種《こうざっしゅ》（ハイブリッド）の「雑」に近い。

掲載されている「じゃかたら文」によると、彼女は後年「唐人に嫁《か》して子などありて」日本にたびたび手紙を出し、元禄九年（一六九六）に亡くなった（ただし没年には諸説がある）。夫との間にもうけた子どもについては、単に「子」とだけ書かれている。この手紙自体には、血筋の「血」が出ていない。

お春の手紙は如見による脚色だったが、本人が書いた長文の手紙の写しや、関連する史料なども発見されている。そこにも読み取れるとおり、彼女の夫は「唐人」ではなく、平戸を追放されていた混血オランダ人のシモン・シモンセンだった。当時オランダが領有していたジャカルタで結婚し、お春は裕福な生活を送っていたことが判明している(白石広子『じゃがたらお春の消息』二〇〇一年)。若くして異国を訪れたこともあり、思いのほか現地の暮らしに溶け込み、帰郷の意志は徐々に薄れていたかもしれない。

国際結婚のことをあらわした如見の「混雑」という表現は、なかなか暗示的だった。というのは幕末維新期をむかえ、国際結婚の出会いが増えてきたとき、それを「雑婚」と表現するのが主流になったからである(第五章・第三節)。「混血」の登場は、それよりもさらにあとのことだった。

†国性爺合戦

同じく『長崎夜話草』に紹介されている二番目の国際結婚が、明朝復興運動の中心人物となった鄭成功《ていせいこう》(一六二四~六二)の両親だった。成功の父親の鄭芝龍《ていしりゆう》(一六〇四~六一)は明朝の遺臣で、貿易にもたずさわった。若い頃に日本に来て肥前国の平戸島(長崎県平戸市)に住み、平戸藩士だった田川七左衛門《たがわしちざえもん》(一六二六~九六)の娘のマツ(一六〇一~四六)と結婚し、生まれた二人の息子のうち長男が成功だった。先に帰国していた父に招かれ、七歳のときに明に渡っている。

成功が長崎で生まれた部分については、『長崎夜話草』巻三「塔伽沙谷《たかさご》の事 並 国姓爺《こくせいや》物語」の条に記載がある。父の芝龍は日本で一官老《いっかんろう》と称して五島、平戸、長崎などを行き来した。その頃、平戸に「妻」がいて「男子一人」を産んだ。また長崎には「妾」がいて、こちらも「男子一人あり」とだけある。お春の場合と違って、とくに「混雑」云々とは書かれていない。この一例だけでは判断できないが、アジア人同士なら「混雑」の対象にならないと如見は考えていたのかもしれない。

成功は一六六一年に台湾に渡り、同島を統治していたオランダ東インド会社の総督を下して追放した。占領した台南《たいなん》を拠点にして政権を打ち立てると清朝に対抗したが、翌年、熱病のため死亡している。如見がまとめた海外情報誌の『増補華夷通商考《ぞうほかいつうしょうこう》』（宝永五年、一七〇八刊）巻三にある「大宛《たいわん》（台湾）」の条には、成功によるオランダ人勢力の駆逐と、それ以降の盛衰が略記されている。この人物伝が、浄瑠璃の世界で大きく取り上げられた。

如見の『長崎夜話草』が刊行された翌年に、近松門左衛門の『国性爺合戦《こくせんやかっせん》』（正徳五年、一七一五初演）が大坂の竹本座で披露された。物語は、明朝が「韃靼国《だったん》（清）」に攻められて崩壊の危機に瀕したところから始まる。このとき日本に亡命した明朝の遺臣と、日本女性との間に生まれた混血児が鄭成功だった。彼が父母とともに大陸に渡り、明朝復興のために奮戦する壮大なスケールの作品になっている。初演直後から人気を集め、興行はロングランを記録した。さっそく翌年には京都で歌舞伎化され、江戸でもすぐに上演されている。全五段のうち、成功の異母姉の夫だった甘輝《かんき》が成功と同盟を結ぶ第三段の「甘輝館」が名高い。

本作が空前のヒットを記録したのは、日本人の血を引く歴史上の人物による海を越えた活躍に対する目新しさが第一にあった。作品の成立事情については、「中華」だった明朝が「北《ほく》狄《てき》」の清朝に代わったことも指摘されている。かつて山鹿素行は「外朝」の中国に対する日本の「中朝」を説いていた(『中朝事実』)。如見は、日本人なのになぜ「やまとごころ」を遠ざけて「もろこし(唐土)姿」を称賛するのかと問いかけていた(『町人嚢』)。近松の『国性爺合戦』でも、中国の歴史や文化を称賛しつつ、成功らの登場人物がしばしば「日本」「日の本」「神国」などを口に出して強調している。

第二段では父の鄭芝龍が勅旨によって九州の平戸に亡命し、老一官《ろういっかん》(『長崎夜話草』では一官老)と名乗る。彼と日本人の妻との間に生まれた成功は和藤内《わとうない》と呼ばれ、のちに国性爺となる。第二段の最初のところでは「浦人に契りをこめ、この男子をまう(設)け」云々とある。混血に関する特別な書き方にはなっていない。名前の「和藤内」については、母の「和国の和の字を用ひ」て「和」とし、父の「唐の声をかたどつて」つまり「唐」と同音の「藤」を取り入れたとある。「内」については説明がなく、のちには和人でも唐人でも「ない」と洒落たとする解釈も生み出されたが、無国籍を強調したわけでもなかった。

丸本《まるほん》（浄瑠璃台本の完本）『国性爺合戦』の表紙に張り付けられた題簽《だいせん》にある外題《げだい》には、「国性爺合戦」という標題に先立って角書《つのがき》がある。本編の内容を象徴的にあらわす文字を二行書きにして示したもので、一行目に「父は唐土《もろこし》」、二行目に「母は日本」と書かれている（『あやつり画《え》番附《ばんづけ》』享保頃刊）。こうして表紙にも謳われ、日本と中国の血を引く主人公であることが強調されている。しかし本作では血筋の「血」が使用されず、「血」が「混」ざるといった表現も出ていない。

『国性爺合戦』のヒットを受けて、後追いの類似作も生み出された。浮世草子作者の江島其磧《えじまきせき》（一六六六～一七三五）の『国姓爺明朝太平記《こくせんやみんちょうたいへいき》』（享保二年、一七一七序）第二段には、和藤内が混血児であることについて「和漢の調合、親は唐人参《とうにんじん》、子は和薬物《わやくもの》」という小見出しがある。「和薬物」とはセンブリ、ゲンノショウコ、ドクダミなどのような、日本で古くから用いられてきた生薬のことをいう。和漢の生薬を対比した比喩だが、母親の存在感がやや薄く、混血の表現とは異なる。本文には「一人の子をもふ（設）け。唐土和国の夫婦の中に出生したる子」とだけ書かれている。

これ以降も国性爺を題材にした作品が生み出され、浄瑠璃以外にも浮世草子、黄表紙、合巻などにも広がった。大坂の絵師だった石田玉山《いしだぎょくざん》による長編の絵入り読本『国姓爺忠義伝』巻四（文化元年、一八〇四刊）の一条「鄭芝龍日本に渡る」でも、母親の「長崎丸山の遊君」との間に

「一人の男子を儲く」としか出ていない。このほか国性爺の物語に限らず、江戸時代の文学作品では「混血」概念が形成されていなかった。

5 仏教諸派と儒家神道

†ニセの寺院法度

寺院法度の歴史は、幕府による寺請制度の確立にさかのぼる。すべての人が、どこかの寺院の檀家《だんか》になり、その寺院から寺請証文を受け取った。それがキリシタンでないことの証明にもなり、幕府のキリスト教対策の一環でもあった。檀家になると、帰属する寺院にお布施《ふせ》を納め、葬式や法要などを執り行ってもらう。お布施によって寺は経済的な基盤ができ、檀家の戸籍上の管理を請け負った。

寺院法度とは、寺院を統制するため幕府が出した法令のことをいう。最初の寺院法度は、高野山（真言宗）に対して慶長六年（一六〇一）に出された。それ以来、有力寺院や各宗派に個々に発布されている。慶長・元和年間といった早い時期に出された法度にある「血脈」は、仏教語的な師資相承をさしている。その点については、修験道《しゆげんどう》や浄土真宗のように世襲を慣例とする宗派の場合も同様だった。血族に相当する語には「筋目」や「跡目」といった伝統的な言葉が使用されていた。

浄土真宗に対する法度は、日蓮宗や時宗などと並んで、規定されるのが比較的遅かった。かつて浄土真宗は一向一揆、日蓮宗は法華一揆や不受不施派《ふじゆふせは》など為政者に抵抗する勢力もあり、あえて刺激しなかった。時宗は他派と異なり、全国を行脚しながら布教活動を実践していたため、統制の対象外に置かれたらしい。それでも四代将軍となった徳川家綱の時代に、各宗に共通する『諸宗寺院法度《しょしゅうじいんはっと》』が出された。寛文五年(一六六五)のことで、真宗教団にも適用され、浄土真宗に対する初の規定となった。

この法度には、出家の手続きや住職の資格などが定められている。「条々」全五条のうち、妻帯を認めた一条が最後にある。他人はもちろんのこと、親類であっても寺院や坊舎に女性を抱え置いてはならない。ただし、もともと妻帯している場合は、その限りではないと追記されている(『徳川禁令考《とくがわきんれいこう》』巻四十)。

寺院の本末関係については、末寺に対する本寺の圧迫を制限している。これには背景があり、寺請制度の定着にともなって本寺が末寺から収奪し、末寺は檀家から搾取する悪循環が深刻になってきた。幕府が『諸宗寺院法度』を制定したのは、その対策でもあった。

しかし各宗派の本寺にしてみれば、ひとたび握った権限を手放すのは口惜しい。そこで幕府の要望をかわすため、偽文書を用意した。檀家を維持するのに好都合な規定を条文に加え、幕府の法令と称して本山から末寺に通達したのである。そのひとつが、貞享四年(一六八七)の『諸寺院条目』(全十二条)だった。明治時代に編纂された法令集の『徳川禁令考』にも収録され、法制史の専門家でさえ見抜けなかったほどよくできていた。すべて偽物とはいえないが、必要以上に寺院の利益を保護した内容や、幕府の意向と一致しない箇所も見受けられることが知られている。

ひとまず書かれた通りに見てみると、諸宗共通で、キリシタン禁制や宗門改、檀家などに関するものが主体となっている。檀家制度に関する一条では、「切支丹類属(キリシタンの親類)」の監視も旦那寺の新たな義務に追加された。この新規定の前にある条文に「血脈」が出てくる。「旦那(檀家)之儀」に始まる一条で、そこに「旦那血脈相続」とある。檀家に「血脈」が受け継がれていくとあり、血筋のことのようにも読めるが、従来の「血脈相承」の意と受け取っても問題はない。

徳川吉宗の時代の享保七年(一七二二)に、幕府が『諸宗僧侶法度』を定めたとされている。これもまた偽文書の疑いが持たれているが、享保改革によって仏教教団が再統制されたのは確かだった(千葉乗隆『真宗教団の組織と制度』一九七八年)。

この寺院法度は、諸宗共通と各宗派別の二通りが作成されている。各宗派別のほうは、専修寺や仏光寺とともに東西両本願寺に宛てたものがある。全十一条の「掟」で、第一条には住職の心得が記されている。伝統的に「子孫相続」を慣例とする本願寺の住職は、「血脈の者」ならば相応の振る舞いを身に付けるべきである。たとえ不学不才であっても、仮にもひとつの寺の住職として数多くの檀徒を抱えている。だから高慢で無礼な振る舞いをしてはならない。もし守れない輩がいたら、住職たるべきではない、とある。

ここにある「血脈の者」もまた、法脈を受け継ぐ僧侶の意と考えられる。世襲の「子孫相続」では、一番弟子が継承者になるわけではないため、ときには住職の器でない実子が跡を継ぐことがある。しかしいくら不勉強でも、社会人としての作法やマナー程度は身につけておかねばならない。そうでなければ「血脈の者」に値しないという内容なので、やはり伝統的な「血脈」が語られているとみられる。

†本願寺派と高田派

東本願寺で学寮の初代講師を務めた恵空《えくう》（一六四四〜一七二一）に、『叢林集《そうりんしゅう》』（元禄十一年、一六九八刊）という大著がある。「流伝弘通」（巻八・第五十七）にある「真宗一流」の項目には、本願寺派の正統性が説かれている。

恵空によれば、二十数人いた親鸞の門弟が師匠と異なる流派をそれぞれ形成した。具体的には仏光寺や専修寺、錦織寺《きんしょくじ》などだった。彼らは覚如の時代に本願寺に帰属し、蓮如のときにも帰属している。そのことが過去の文献に記録されているのに、百数十年来、またしても本願寺派と異なる教義を打ち立てて、別の流派を形成しているという。

そのあとに「血脈」が出てくる。恵空は本願寺を「祖師血脈ノ嫡々相承」とした上で、「他寺ハ弟子ノ末伝枝条ノ一箇」つまり親鸞の弟子から派生した末流でしかないと断じている。「嫡々相承」の「嫡々《ちゃくちゃく》〔てきてき〕」とは本来、嫡子から嫡子へ家督を伝えることだった。しかし世襲の寺院でも、つねに長男による継承とは限らない。

他方、仏教語（とりわけ禅語）の「嫡々相承」は正統から正統へと伝授されることを意味し、「的々相承」とも書いた。道元（一二〇〇〜五三）の主著『正法眼蔵《しょうぼうげんぞう》』や、栄西（一一四一〜一二一五）撰の『興禅護国論《こうぜんごこくろん》』などに用例がある。恵空の『叢林集』にある「嫡々相承」も、仏教語の「血脈相承」のことだった。

この『叢林集』は真宗の高田派から批判を受け、とりわけ専修寺の学僧だった良空《りょうくう》（一六六九〜一七三三）の反論は強烈だった。彼は伊勢国三重郡にある常超院《じょうちょういん》の住職で、早くから親鸞の伝記研究を志した。高田派本山の宝蔵に入って古記録を採り、正徳五年（一七一五）に『高田親鸞聖人正統伝』を著している。自派の正統性を主張し、恵空の『叢林集』などを徹底的に批判した。本作は親鸞伝のベストセラーといえるほどの反響を呼び、本願寺派との間にくり広げられた論争でも注目を集めた。

『高田親鸞聖人正統伝』の巻一に書かれた執筆動機によると、最近、他の流派の末裔から「贋書」が刊行された。そこには邪悪な批評が渦巻いており、「嫡流」の正統性を説こうとする「謀書」だと烙印が押されている。その「贋書」「謀書」の一冊が『叢林集』であることは、読み進むうちに明らかになる。文中に何度か『叢林集』の名を出しているからである。とくに巻六の終り間際で、集中砲火を浴びせている。

良空によると、本願寺は専修寺第三代の顕智《けんち》（一二二六〜一三一〇）が建立した。それを「祖師一派ノ本寺」にせず「僅ナル尼女（覚信尼）」に依託し、まったく「伝法血脈」がなかった。一方、本願寺第二代の法主となった如信は、関東で顕智から法脈を伝授された。ところが本願寺派は、みずからの愚かさを露呈するかのように、「尼女」の覚信尼が預かっていたものを「祖師一流ノ本寺」だと言い出した。この罰当りな謀略が『叢林集』に書いてあると述べて、出典を明記している。

さらに良空は専修寺の優位をくり返し説き、過去に一時たりとも他家に帰属した事実はないと強調している。本願寺に対しては、ふたたび「尼女」には「血脈相承」がないと断じている。わが顕智上人から法脈を授かった事実を如信は覆い隠そうとして、種々の偽りをでっち上げ、その謀略は虎の皮を被った狐のようだとまでいう。

良空が矛先を向けた「尼女」の覚信尼は、父だった親鸞の死後、その遺言にもとづいて父の墓所を管理し、親鸞の門弟との交流を深めた。また、再婚相手の小野宮禅念《おのみやぜんねん》（?〜一二七五）が所有していた宅地に御影堂を建てて親鸞の影像と遺骨を安置し、御影堂を管理する留守職の初代を務めた。この地位は、覚信尼の子孫が代々引き継いでいる。しかし良空からすれば、そういう活動は法脈の継承と無関係だった。

もうひとり、覚信尼とともに引き合いに出されている如信は善鸞の子で、親鸞の孫にあたる。幼少期から親鸞の膝元で学び、親鸞に義絶された父の善鸞にかわって、本願寺の第二代法主となった。つまり良空の言い分では、親鸞と如信との間に介在している覚信尼に問題があった。親鸞、覚信尼、如信は血縁的につながっているから、この三人の流れを断絶と見る良空の「血脈」は、まさに法脈のことだった。

†林羅山の儒家神道

儒者の林羅山（一五八三〜一六五七）は、徳川家康から家綱まで四代の将軍に侍講《じこう》として仕えた。家康に拝謁してからは、その命によって剃髪し、道春《どうしゅん》と改称している。道春とは僧号であり、みずから望まない僧形を余儀なくされた。そのことも含めて、当初は儒者というよりも博覧強記の学者として採用されていた。その間、外交文書や諸法度の草案の作成などに関与し、幕政の実務に貢献している。

その羅山が神道思想への傾斜を見せ始めたのは、晩年になってからのことだった。羅山を先駆とする儒家神道は、おおむね神儒一致・神儒習合の立場をとっていた。幕府内で儒学が台頭するにつれて、儒者は仏教に対する批判を強め、剃髪や出家、火葬などを問題視するようになっている。

羅山が自身の神道説を唱えた著作に『神道伝授鈔《しんとうでんじゅしょう》』（寛永二十一年、一六四四成立。通称『神道伝授』）がある。その第四十七「神道血脈」には、造化の神とされたクニトコタチ（国常立尊）以降の「血脈」が語られている。

神道ノ血脈ハ、天神七代ノ始、国常立尊ヨリツリ来テ、今日ノ我ニ至ル。神道ノ血脈ハマル（丸）クシテ始ナク終ナシ。

万物生成の根源神ともいえるクニトコタチまでさかのぼって「血脈」が受け渡されてきたとあり、血統のことは意識されていない。しかも「神道ノ血脈」は円状に丸く、始まりも終わりもないという。以下の記述では「国常立ヨリ以来又我心ヨリ国常立ヘカヘル」と付け足している。人間はクニトコタチから生まれ、最終的には同じクニトコタチに回帰していく解釈になっている。

一見したところ、儒者が排斥した仏教思想にある輪廻《りんね》の考え方にも似ている。その点について羅山は、儒教の死後観を端的に表現した『礼記』（郊特牲《こうとくせい》）にある言葉を引き合いに出している。それは「魂気（精気）は天に帰し、形魄《けいはく》（肉体）は地に帰す」だった。人間の死とは、自身を構成している「魂魄《こんぱく》」つまり「魂」と「魄」がその結合を弛緩させて、それぞれ天と地に帰っていくことだと羅山は主張している。

最終的に「気」は消滅すると朱子は主張していた。それに対して羅山は、人間の死後に「高天原《たかまがはら》（神代巻における天上の国）」に存する「神」と一体化する理論を提示した。消滅する「気」という朱子学の立場に対して、新たな解釈を与えたのである。こうして羅山は、神道と朱子学を折衷させたことが指摘されている（本村昌文「林羅山の仏教批判――死生観を中心として」『日本思想史学』三三、二〇〇一年）。

羅山のいう「血脈」は、実質上、生命エネルギーとしての「気」に近かった。その上で、環状に推移する点に特色があった。彼の「血脈」理解は、その後の主流にはならなかったものの、羅山が先駆となった儒家神道は、彼以降も独自色を打ち出していった。そのきっかけとなったのが、垂加《すいか》神道だった。

†山崎闇斎の垂加神道

室町時代に吉田兼倶が創始した吉田神道は、江戸時代になってから吉川神道に受け継がれた。江戸の商家に育った吉川惟足《よしかわこれたり》（一六一六～九五）が、京都で萩原兼従《はぎわらかねより》（一五八八～一六六〇）に吉田神道を学び、江戸にもどって吉川神道を立ち上げた。思想的には吉田神道から仏教的な要素を取り除き、儒学とりわけ朱子学を新たに取り入れている。

のちに惟足から吉川神道を受け継いだのが、京都出身の儒者の山崎闇斎《やまざきあんさい》（一六一九～八二）だった。いったん十代半ばで剃髪して禅僧になり、朱子学を学んで二十代半ばに還俗し、儒者に転身している。三十代半ばで京都に講席を開き、門人を教授した。四十歳を過ぎてから江戸に遊学し、この頃からようやく名声が高まって京都と江戸を毎年往復している。

その闇斎を神道にめぐり合わせたのが、徳川家綱を補佐していた保科正之《ほしなまさゆき》（一六一一～七三）だった。彼は闇斎の儒学と吉川惟足の神道を重んじ、二人を江戸に招聘していた。その機縁で闇斎は惟足と交流をはかっていた。寛文十一年（一六七一）、惟足から吉川神道を伝授されて「垂加霊社《すいかれいしや》」の号を受けている。

闇斎の垂加神道は、教典的な意味を持つ『垂加社語《すいかしやご》』におおむね集約されている。神代巻の解釈については、クニトコタチにはじまる天神七代が「造化」の神、イザナギとイザナミの

「二尊」は「造化」と「気化」を兼ねた神とされている。「二尊」が生んだアマテラス神以降の地神五代は、実体を持つ「身化」の神だという。少し前には「天神第一代は天地一気の神」ともあり、先の「気化」と合わせて「気」が前面に出てくる。一方、闇斎が神代について書いた文章には「血脈」がなく、吉田神道や吉川神道と異なっている。

神代巻を論じるにあたり、闇斎は「血」の語自体を使っていない。著述全般としては、中国渡来の成句だった「血脈貫通」が何度か出てくる。たとえば『蒙養啓発集《もうようけいはつしゅう》』(寛文九年、一六六九序)には「読ム所ノ書、文意接連シ血脈通貫シ」とある。これは『朱子語類』(巻十九・五十三)に出ていた「首尾照応、血脈通貫」に近い用法だった。

闇斎が血筋の「血」や「血脈」に触れなかったことについては、同時代の山鹿素行が参考になる。素行は『山鹿語類』などで親子の「血脈」の絆を説きつつも『中朝事実』では皇統の「血脈」を論じなかった。彼らの時代は皇統と血統が同一視されていなかったため、血筋の意味が色濃くなってきた「血脈」が使いにくくなっていた。そのことが闇斎にも当てはまったように思われる。もし「血脈」を使うなら、貝原益軒のように天皇家全体に適用するのがふさわしい時代をむかえていた。

ところが時代が下り、闇斎の門下生たちによって受け継がれた儒家神道の頃になると、皇統と「血脈」を関連付けて論じるようになった。むしろ意図的に結びつけた上で、「血脈」が血筋の意で受け取られることによるデメリットを回避するために議論を費やしている（第四章・第四節）。林羅山が唱えた環状の「血脈」理解のように、儒者たちは古典を同時代風に、あるいは日本社会に適合する形で読み替えた。その試みが神代巻の解釈に向けられたとき、新しい神道思想が生み出される条件が整ったともいえる。

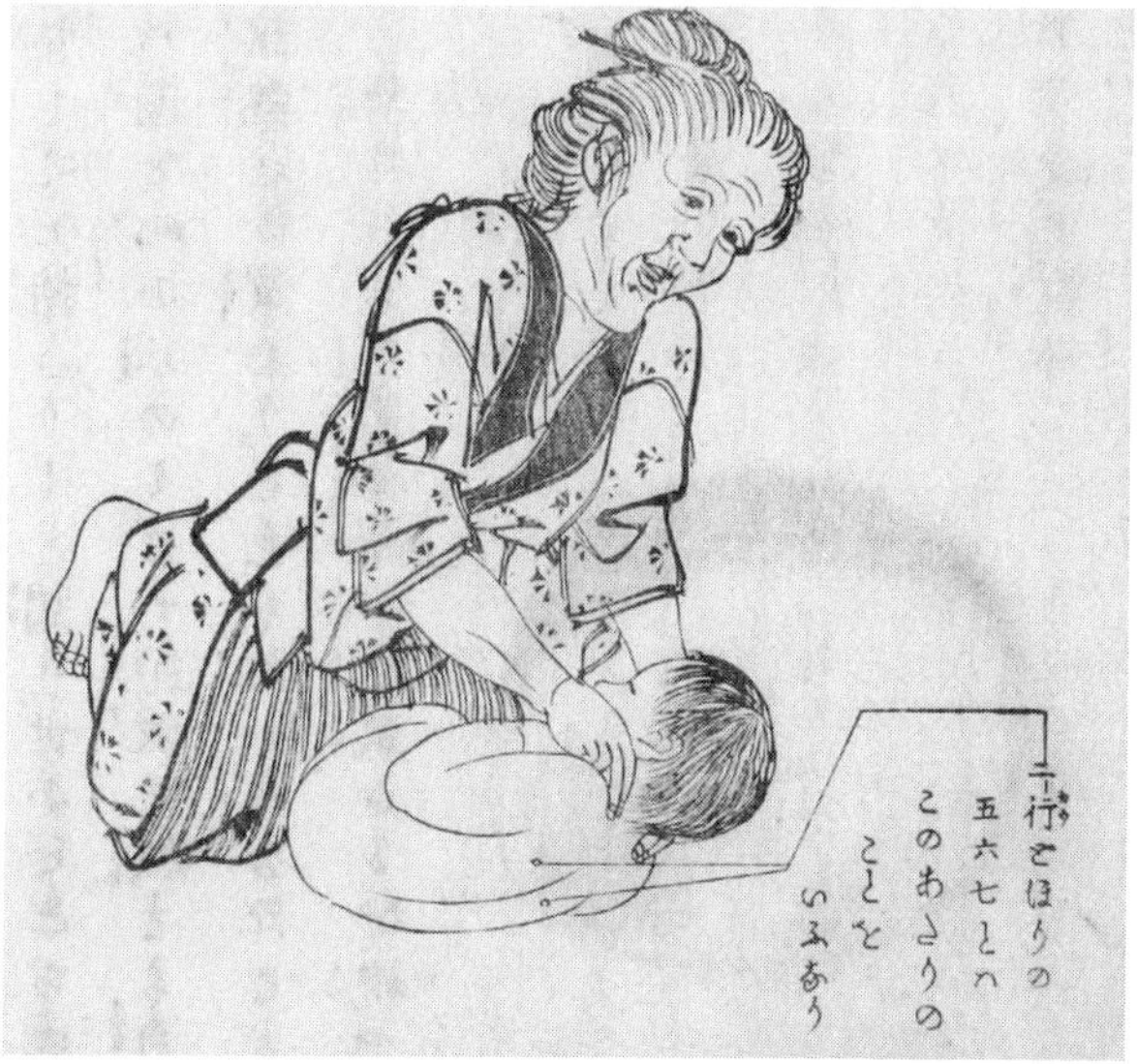

第四章

近世後期

幼い子どもに指圧をほどこす取り上げ婆（早稲田大学図書館所蔵『病家須知』）

1　血塗られた文学

†二人目の近松

景清物や『阿弥陀胸割』のような霊験物語は、日頃から信心深い人が、神仏のご加護によって命を守られる構図でもあった。たいてい物語の終盤にご加護の力が発揮され、人間界では解決できないトラブルが丸く収まっていた。

身もフタもない言い方をすれば、もし神仏の力添えがなければ他人の臓器を奪うだけの話になる。誰かが快癒したり蘇生したりする反面、誰かが確実に死ぬ。その死に向かう場面を濃密に描けば、怪談的な要素が際立った。江戸時代には、そういう作風の恐怖物語も相次いで書かれた。しかも抜き取られる命の象徴は、生き胆から血液に移り変わっている。現代的な視点に引き寄せれば、吸血鬼のイメージに近づいている。

元禄文学以降、親子の「血」の絆を確認する物語が量産された一方では、ホラー志向といえる「血」の脚本も多数書かれた（郡司正勝『かぶきの発想』一九五九年）。たとえば人間や特定の動物の血を体内に摂取した人が、特殊な能力を身に付けた異能者に生まれ変わる。病からの回復ではなく、常人から超人に変身するために摂取するといった設定である。獣が化け物に変身するための栄養源といった扱いも見られる。その片鱗は、すでに近松門左衛門の作品にもあらわれていた。

近松が書いた最晩年の一作に、『日本振袖始《にほんふりそではじめ》』（享保三年、一七一八初演）がある。本作では神代巻に描かれた素戔嗚尊《すさのおのみこと》（スサノオ）や、出雲《いずも》の八岐大蛇（ヤマタノオロチ）伝説などを結びつけている。もとの伝説では、ヤマタノオロチが山里の村人たちに生贄の女性を差し出すよう毎年命じていた。その地を訪れたスサノオは、大蛇退治に乗り出した。酒で大蛇を眠らせた隙に切り裂き、囚われの身となっていた姫君を救い出している。

その伝承を脚色した『日本振袖始』の一場面では、迫りくる大蛇が「気をの（飲）み血をするに日本人肥て血の味あま（甘）く」と不気味に語る。「気」を飲むだけでなく「血をすする」とあり、血の味にも触れている。漢方の気血説でいう「血」ではなく、純粋に人間の血液のことをさしているように受け取れる。こういった作風は近松以降も生み出され、人間の生き血をすすって自身のエネルギーに変える妖怪物語も登場した。「血」を生命力の象徴と受け止めた上で、奪われる側の恐怖心を描いている。

その担い手のひとりが、近松半二《ちかまつはんじ》（一七二五〜八三）だった。半二の父だった儒者の穂積以貫《ほづみこれつら》（一六九二〜一七六九）は、門左衛門と親交があった。門左衛門の芸論として名高い「虚実皮膜《きょじつひにく》論《ろん》」は、以貫の『難波土産《なにわみやげ》』（元文三年、一七三八刊）に収録された「近松門左衛門聞書《ききがき》」に出ている。

以貫は竹本座とも関係が深く、彼の次男として大坂に生まれた成章《しげあきら》は、二代目の竹田出雲（一六九一〜一七五六）に入門した。近松門左衛門に私淑して「近松半二」を名乗った。師匠の没後は、竹本座の中心的な作者になっている。その半二らの合作によって書かれた浄瑠璃作品の『奥州安達原《おうしゅうあだちがはら》』（宝暦十二年、一七六二初演）は、彼が頭角をあらわした出世作のひとつに数えられている。

†奥州安達原

本作は前九年の役の後日談を独自に設定し、奥州の安倍一族の生き残りだった安倍貞任《あべのさだとう》（一〇一九？〜六二）・宗任《むねとう》（一〇三二〜一一〇八）兄弟らと、源 義家《みなもとのよしいえ》（一〇三九〜一一〇六）の対立を描いている。しかも、ひとたび没落した兄弟の視点に立っている。安倍家の復興と奥州の独立をめざす野望を成し遂げるため、兄弟は天皇の弟にあたる環《たまき》の宮《みや》を誘拐した。すると奥州に連れ去られてから、声が出なくなってしまった。止声《しせい》病ともいう難病を平癒するには、人の生き血が必要だった。この構想は『今昔物語集』に収録されていた「天竺貧女、法花経《ほけきょう》を書写する語《こと》」のような前例があった。

史実としての前九年の役は、後三年の役とともに源氏が東国に勢力を築くきっかけになった奥州（東北地方）の戦乱だった。安達原《あだちがはら》とは福島県二本松市にある地名で、能の『安達原』の題名にもなっている。観世流の能楽の『安達原』（他流派の名称は『黒塚《くろづか》』）では、地元の鬼女伝説が素材に使われた。その伝説も取り入れた『奥州安達原』では、血腥いドラマがくり広げられる。

全五段からなる本作の初段には、紀海音の『末広十二段』を思わせる「血筋」の穢れが描写されている。源義家の家臣だった志賀崎生駒之助《しがさきいこまのすけ》と恋仲になった遊女の恋絹《こいぎぬ》は、じつは敵方の貞任と宗任兄弟の妹だった。その事実を知った生駒之助は、即座に縁切りを告げた。原文によると、自分は源氏に仕える身だから、「朝敵の血筋」につながっては「主君へ不忠、武門の穢れ」とある。貞任・宗任兄弟の「血筋」につながっている事実に対して「武門の穢れ」が意識されている。恋絹は兄たちとの縁切りを必死に訴え、密かに様子をうかがっていた義家が生駒之助を勘当し、恋絹との絆が保たれて第一段は幕となる。

第四段の「一つ家の段」には、安達原の鬼女伝説が組み込まれている。能の『黒塚』では、熊野《くまの》那智《なち》の山伏だった東光坊祐慶《とうこうぼうゆうけい》（ワキ）一行が、諸国巡礼の旅先で安達原を通る。老嫗《ろうおう》（前ジテ）の住む粗末な小屋に、一夜の宿を借りる。夜更け頃、山伏たちのために薪を取りに出る前、老嫗は留守中に自分の寝所を覗かないようにと念を押した。

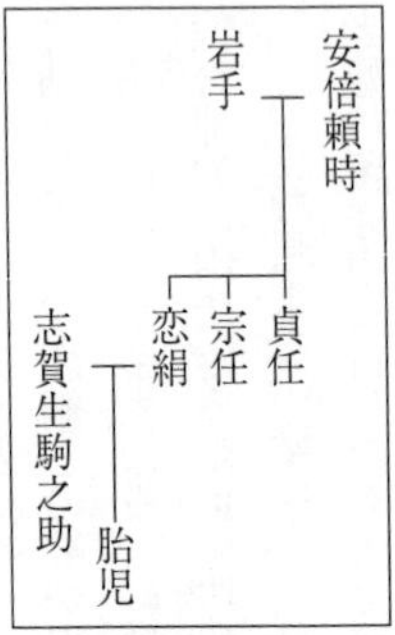

図3　最終的に明らかにされた血縁関係の図。

ところが山伏に仕える能力《のうりき》（寺の下男。アイ）が、密かに部屋を脱け出して寝所を覗いてしまった。そこには大量の死体が積み上げられていた。知らせを受けた山伏は、彼女が黒塚に住む鬼だと悟って家から逃げ出した。そのあとを、鬼女（後ジテ）が怒りの形相で追ってきた。山伏は数珠を擦って鬼女の退散を念じ、鬼女は己の姿に恥じ入りながら姿を消した。法力によって救われる、中世的な作風になっている。

対する『奥州安達原』の鬼女は岩手といい、薬売りに扮した生駒之助と懐妊中の恋絹が彼女のもとに訪れる。彼らは恋絹の郷里の奥州に向かう途中で、一夜の宿を求めていた。岩手は環の宮の「止声病」を治すため、恋絹をとらえると腹を切り裂いて殺し、取り出した胎児の血を絞り取った。原文では、その部分が「赤子の血汐を手つ取り早く用意の器に絞り込」云々と生々しく描写されている。

ところがこのあと、物語は急展開をむかえる。貞任と宗任の父だった安倍頼時《あべのよりとき》（?〜一〇五七）は前九年の役で戦死し、岩手の家の部屋には彼の髑髏《どくろ》が祀ってあった。その髑髏に恋絹の血が染み込み、滴骨法が実施された形になった。原文には「髑髏に女の血汐しみ込みしは、親子の血筋疑ひなし」とある。探し当てた家系図（図3）によって、親兄弟の関係が確認された。

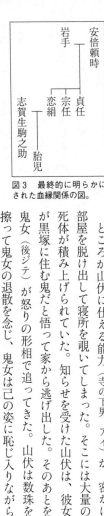

すなわち岩手は貞任と宗任の母で、殺した恋絹は自分の娘であり、胎児は孫だった。わが子と孫を葬り去ったことを悔いた岩手は、娘と孫のあとを追って谷底に身を投げている。

近松半二らが世に送り出したこの大作は興行的にヒットし、のちに歌舞伎にも移された。鬼婆が恋絹を殺害する場面は、人形浄瑠璃では赤い布帯を使って流血を表現した。しかし歌舞伎ではふんだんに血糊《ちのり》が使用され、凄惨な雰囲気が演出された。そうなると、さすがに万人向けの娯楽作品ではなくなってしまう。手前の第三段が独立的に上演される機会が増えていったのは、そういう事情もあったと考えられる。

✝南総里見八犬伝

作家の曲亭馬琴《きょくていばきん》（一七六七〜一八四八）は、『南総里見八犬伝《なんそうさとみはっけんでん》』（以下『八犬伝』）をはじめとする作品で、生と死をつかさどる「血」を効果的に描いた（中尾和昇『馬琴読本の様式』二〇一五年）。近松門左衛門が人間関係の「血」について文章表現の幅を広げたとすれば、馬琴は実社会の枠を超えた超自然的な「血」の世界までファンタジックに表現しようとした。

『八犬伝』は室町時代に安房国《あわのくに》（千葉県）の地を拠点にした里見氏を題材にした一大長編で、全九集、九十八巻からなる。文化十一年（一八一四）から天保十三年（一八四二）まで、二十八年もの年月を費やしたことでも名高い。物語は里見家の娘だった伏姫《ふせひめ》と、八房《やつふさ》という神犬の因縁によって結ばれた八犬士を主人公にしている。最初に登場する犬士の犬塚信乃《いぬづかしの》（女性名の男性）は「孝」の霊玉を持ち、物語の前半の主役級を務める。

信乃は古河公方《こがくぼう》の足利成氏《しげうじ》に間者《かんじゃ》（スパイ）の容疑をかけられ、追われていた。逃げ延びた彼は、下総国《しもうさのくに》（千葉県）の行徳《ぎょうとく》にある旅籠《はたご》の古那屋《こなや》の主人だった文五兵衛《ぶんごべえ》と息子の犬田小文吾《いぬたこぶんご》によって納戸に匿われた《かくま》。しかし逃げ延びる途中で負った刀傷がもとになって破傷風《はしょうふう》になり、瀕死の症状に陥った。その信乃を匿ったかどで、文五兵衛は追手によって引っ立てられてしまった。

捕まる前の文五兵衛が、今は亡き兄から教えられた破傷風の治療法について語る場面がある。「年少き男女《としわかなんにょ》の鮮血《ちしほ》、各《おのおの》五合をとりて、合してその瘡に沃《そそ》ぎ洗へば」つまり若い男女の血をそれぞれ五合ずつ合わせて傷口に注ぎかけて洗えば、たちどころに治るという。この治療法は作中で何度か語られ、具体的には血液を注いで「洗う」とある。すると輸血ではなく、消毒に近い治療法だった。血で洗うことが消毒になるのだから、血の穢れという旧来の発想との開きが大きい。

結果的に、その血を提供する形になったのは小文吾の妹の沼藺《ぬい》と、彼女の夫の山林房八《やまばやしふさはち》だった。背景には、房八の祖父が古那屋文五兵衛の兄を殺していたという過去の因縁があった。沼藺と結婚してからその事実を知った房八は、古那屋への借りを返す機会をうかがい、自分の命で償おうとしていたことが判明する（図4）。

絶命する直前の房八は、文五兵衛の兄から口伝で教わっていた信乃の破傷風の治療法を小文吾に伝授した。自分と妻の沼藺の血液を五合ずつ信乃に注いで洗えば、彼の病気を治癒することができるという。その薬効については、この夫婦の血だから効力が高いと房八は太鼓判を押している。頼み通りに小文吾が瀕死の信乃に注ぎかけると、みるみるうちに快方に向かっていった。

江戸時代の文芸作品で創案された血合わせは、真の親子かどうか鑑定する方法として設定され、実証するために混ぜ合わされていた。その点、若い男女二人の血液を混ぜ合わせれば毒消しの薬になる設定は、独特だった。合わせる血に関して、双方の血縁関係の有無は関係がない。むしろ新鮮な血液であることが大事で、純粋に薬効が問われていた。生命力の象徴となる血液の効力が、フィクションの世界でも大いに発揮されていたことがわかる。

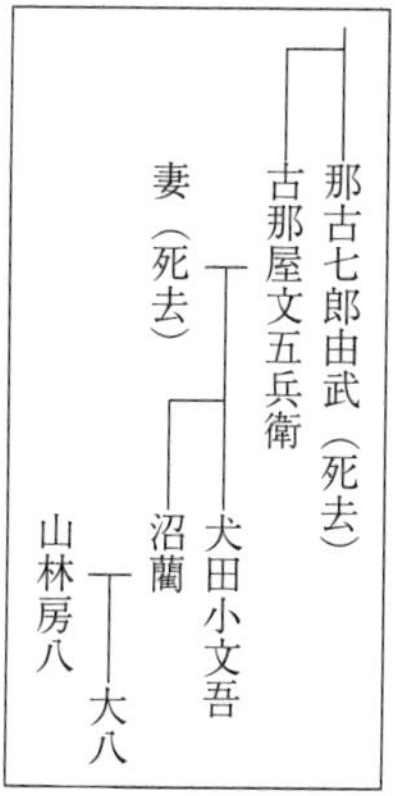

図4　山林房八と沼藺との間に生まれた大八は、のちに八犬士の1人になる。

庚申山の山猫

『八犬伝』に描かれた怪談風の「血」の描写として、庚申山《こうしんやま》の山猫をめぐる場面がある。犬士のひとりの犬飼現八《いぬかいげんぱち》が下野国《しもつけのくに》（栃木県）にある里に立ち寄ったとき、茶屋で奇妙な話を耳にした。庚申山には数百歳の山猫が潜んでおり、山奥に迷い込んだら食われてしまうと言い伝えられていた。しかし十七年前、自身の武勇を示すために山に入った赤岩一角《あかいわいっかく》という郷士《ごうし》は、遭難しかけたものの自力で生還し、山に猛獣はいなかったと断言したという。

一角は帰還したが今度は妻が病死し、再婚した後妻との間には男子が生まれ、牙二郎《がじろう》と名付けられた。この頃から一角は先妻との子だった角太郎《かくたろう》を虐待し、不憫な角太郎は母方の伯父の犬村儀清《いぬむらのりきよ》に引き取られた。文武にすぐれた儀清に教え導かれた角太郎は、文武両道の逞しい青年に成長し、儀清の実の娘だった雛衣《ひなきぬ》を妻に迎えた。他方、一角の後妻たちは夜逃げや頓死によってつぎつぎに変わり、船虫《ふなむし》という悪女とだけ長続きして今日に至っていた。

茶店を後にした現八は、道に迷って夜の庚申山に分け入った。深夜にあらわれた山猫に襲いかかられたが、携えていた矢を放って左目を射抜いて撃退した。険しい山中をさらに進むと、痩せ枯れた男が目の前にあらわれた。じつは彼こそ本物の赤岩一角の亡霊で、十七年前にあえなく山猫に食われ、一角に成りすました山猫が下山していたのである。真相を語った亡霊は、自分が本当の親である証拠として短刀と髑髏を現八に託した。髑髏は一角自身のもので、角太郎の血をこの髑髏に滴らせれば染み込み、ふたりが真の親子だとわかるという。

山猫退治と息子の角太郎の救出を依頼された現八は、山を下りるとさっそく角太郎を訪ね、彼が霊玉を所持する八犬士のひとりだと知った。ただし角太郎の玉は、妻の雛衣の体内にあった。腹痛に苦しむ彼女を救おうと、玉を浸した霊水を飲ませようとしたときに船虫の横槍が入り、慌てた雛衣が玉を飲み込んでいたのだった。雛衣の腹は妊娠したように膨らみ、船虫はこれを密夫と姦通して身ごもったものと言い立てた。偽の一角を本物の親と信じ、親孝行を尽くそうとする角太郎は、雛衣と離縁せざるをえなくなった。

船虫の企てを察した現八は、偽赤岩一角について探るため、彼と息子の牙二郎で主宰している剣道場を訪れた。現八は一角の門弟との試合で全員を打ち負かしたが、さらなる恨みを買い、夜更けに暗殺されそうになった。その場は霊玉の加護によって危機を察知し、急襲してきた牙二郎らと剣を交えながら角太郎の庵にたどり着き、匿われた。

そこへ偽一角と船虫があらわれた。偽一角は角太郎夫婦を呼びつけ、現八を匿ったことは水に流すかわりに、自身の左目を癒す薬として雛衣の胎児の「生胆《なまぎも》」と雛衣の心臓の「血」を差し出すよう迫った。許しを請う角太郎を偽一角は聞き入れず、夫の心を汲んだ雛衣は覚悟を決めると自分の腹に短刀を突き立てた。鮮血とともに「礼」の玉が雛衣の体から飛び出し、弾丸のように突き進んで偽一角の胸骨を打ち砕いた。

父を討たれた牙二郎は角太郎に斬りかかったが、現八に仕留められた。怒った角太郎が現八に刃を向けたとき、現八は本物の一角の亡霊から受け取った髑髏を突きつけて真相を語った。

すべてを知った角太郎は愕然とし、恥じ入りつつ雛衣の最期を看取った。そして庚申山で聞いたとおり、角太郎の鮮血は一角の髑髏に吸い込まれた。父の仇を討ち果たした角太郎は、晴れて犬村大角として八犬士に加わり、庚申山を舞台にした一幕が終わる。

ところで馬琴の『燕石雑志《えんせきざつし》』（文化八年、一八一一刊）は、『桃太郎』や『花咲か爺さん』といった昔話の出典を考証した著作だった。そういう学者肌の部分は、勧善懲悪を描いた『八犬伝』にもいかんなく発揮されている。庚申山の山猫の箇所でも、個々の逸話の出典が作中の登場人物によって語られている。

下山して角太郎の草庵を訪れた現八は、近年の浄瑠璃や歌舞伎の趣向について問いかけた。本当の親子かどうか判別する方法があり、子どもの腕を切って採った血に父親の血を合わせると、本当の親子なら「鮮血滲り《ちしほまじは》」、本物でなければ血液が寄り合わない。また、死んだ親の「白骨髑髏に血を灑る《そそげ》」方法でも親子かどうか判定できるという。だが自分には典拠がわからないとして、現八は角太郎に意見を求めた。これは一角の亡霊から託された髑髏の話につなげるため、現八が前もって布石を打っておいたものだった。

現八の問いかけに対して、角太郎は『梁書』にある予章王綜の故事と、『唐書』にある王少玄の逸話を示した。どちらも親の骸骨に子の血を注ぐ方法で、俗信として歴史があり、馬琴は角太郎に語らせる形でその典拠を示していた。他方、現八が角太郎に尋ねたもうひとつの「血合わせ」つまり血液同士を混ぜる方式については、何も述べていない。血液同士の「血合わせ」の歴史がさほど古くなく、井原西鶴をはじめとする元禄期あたりに創出されたアイデアだったことを、この事実も暗示しているように思われる。

2　武家の養子問題

†伊藤仁斎と荻生徂徠

儒者の伊藤仁斎《いとうじんさい》（一六二七～一七〇五）は、京都の堀川にあった商家の長男として生まれた。病気のため二十代後半に家業を弟に譲り、実家のそばに隠棲して読書に専心する日々を送った。朱子学に混入している後付けの解釈や諸思想に気づいてからは、それらを排して本来の教えを体系づけようとした。寛文二年（一六六二）の寛文近江《かんぶんおうみ》・若狭地震《わかさじしん》を機に帰宅すると、古義堂《こぎどう》という塾を開いた。自身の学問を「古義学」と称し、山鹿素行の「古学」さえ古典への回帰が十分でないと評した。

その仁斎は、「血脈」に独特の意味を与えていた。孔子にさかのぼる儒家の思想を体系づけて、「血脈」と称していたのである。その「血脈」から外れた不純な要素を含む経書は排すべきことを説いた。四書（『論語』『孟子』『大学』『中庸』）に含まれる『大学』でさえ、孔子の遺書でないと断じている。そうして残された正しい文献にもとづき、書かれている用語の「意味」を分析して、孔子を中心とする儒家の思想を説明しようとした。

このことは『語孟字義《ごもうじぎ》』（天和三年、一六八三序）に書かれている。上巻の冒頭によれば、まず『論語』と『孟子』の「意思」と「語脈」を理解する。そうすれば「意味」と「血脈」がわかり、「字義」も明らかになるという。文章を正確に理解すれば思想的な脈絡が把握でき、用語の概念も明らかになることをあらわしている。また仁斎は、「意味」よりも「血脈」がわかりやすいと述べている。『孟子』は脈絡をたどりやすいから、まず「血脈」を把握しなさいともいう（『語孟字義』下「学」）。

中江藤樹や山崎闇斎のところで見たように、朱熹は「血脈貫通」の形で「血脈」を使用していた。仁斎が用いた「血脈」については、「語脈」を理解するという部分で「血脈貫通」を連想させる。また儒家の思想の系譜という部分では、仏教の法脈的な「血脈」を想起させる側面もある（土田健次郎『江戸の朱子学』二〇一四年）。

朱子学に代表される儒学に対して、仁斎は文献学的に緻密な分析を加えて批判し、新解釈を提唱した。このことは、後続の儒者たちに大きな可能性を与えた。彼らも仁斎と同じような手法をとり、朱子学のような既成の学問に対して私見を述べる流れが形づくられた。このあと荻《お》生徂徠《ぎゅうそらい》（一六六六〜一七二八）や儒家神道の学者たちが独自の古典解釈を打ち出していく、その先駆的な役割を果たしたといえる。

「古学」の大成者となった荻生徂徠は、徳川吉宗のもとで意見役を務めた儒者でもあった。従来のように漢文を読み下さず、中国語として読解する文献学的な方法は「古文辞学《こぶんじ》」と称された。

徂徠が生きた頃には、血筋のことをいう「血脈」が日常語化していた。彼も政治や経済について語る場合には、江戸時代語として使っている。実社会について批評する際の「血脈」は一子相伝でなく、子々孫々の血筋が拡大していくことを前提にしている。伊藤仁斎のような独自の「血脈」ではなく、その意味で特色はない。むしろ江戸社会に関する血筋の問題について、為政者側の視点から語られた内容として見るべき価値が高い。

徂徠が吉宗の諮問に対して著述したとされる『太平策《たいへいさく》』には、諸大名の家系のあり方について述べられている。今や「先祖正統ノ血脈」といえる直系はほとんど途絶えてしまい、「旁支ヨリ家ヲ継タル類」が七割から八割もある。つまり傍系に依存している状態だという。ここにある「正統ノ血脈」も、江戸時代的な書き方になっている。一子相伝だった「血脈相承」に備わっていた継承の正統性が抜け落ちてしまい、別に「正統ノ」といった前置きが必要になっている。

吉宗に学問を講じる侍講《じこう》になった室鳩巣《むろきゅうそう》（一六五八〜一七三四）は、なるべく傍系で継承して非血縁の養子をとらないよう説いた。幕府の諮問に答えて作成した意見書の『献可録《けんかろく》』（享保八年、一七二三自序）中巻によると、「他人の子」を養子にして家を継がせることは元来「聖人の法」にはない。どうしても必要ならば「同姓」からむかえるとよく、「先祖」から見た場合「血脈」は一本だから問題ない。だが「他人の子」に継がせるのは桃に栗を接木《つぎき》するようなもので、木としてつながらないのと同じことだと論じている。

もとより吉宗自身が直系でなく、御三家の紀州藩の第二代藩主だった徳川光貞《みつさだ》（一六二七〜一七〇五）の四男だった。家康の代までさかのぼれば、そのひ孫に相当する血筋だった。たまま七代の家継《いえつぐ》（一七〇九〜一六）が八歳で早世し、家康の三男だった秀忠の男系が途絶えたため、さらに広い範囲から八代将軍を探す必要に迫られた。結局、家康との世代的な近さなどから御三家の筆頭だった尾張家を抑え、吉宗が就任したとされている。

そもそも江戸時代は、嫡流でない将軍が活躍した時代だった。五代綱吉《つなよし》（一六四六〜一七〇九）や六代家宣《いえのぶ》（一六六二〜一七一二）もまた、将軍に就任する前はいずれも一大名にすぎなかった。

将軍職や大名職などの継承については、血筋の「血脈」の前に「正統」などを足して、由緒の正しさを補う必要があった。「血脈」だけでは、物足りなかったのである。ところが傍系の場合には、単に「血脈」がつながっている事実さえ示せば正統性の根拠として十分で、あえて「正統」を付け足す必要もなかった。後継に「正統」が必要な場合と、そうでない場合が生じているのだった。

その二極化は終始分離したままでなく、ときには融合をもたらした。とりあえず血がつながってさえいれば、それでよいという傍系の「血脈」の正統性が、直系にも反映されていった。直系の嫡子に関しても、血のつながり自体が大事だという「血脈」認識が強まったと考えられる。むろん江戸時代の人たちがみな、そう考えるようになったわけではない。非血縁の養子でもかまわないとする価値観は、さほど揺るがなかった。その一方で、家柄によっては血のつながりを従来以上に重んじるようになっている。

†法令と末期養子

学者が語る跡継ぎ論とは別に、法令上の血筋や養子の規定として発信された血縁関係の表現もあった。武家の法令に関しては、元和《げんな》元年（一六一五）に二代徳川秀忠によって発布された元和令が最初の規定になった。ただし相続の規定がなく、血筋関連の語彙も使用されていない。寛永十二年（一六三五）、三代将軍の家光が出した『武家諸法度』（寛永令）も、その点で変更はなかった。

武家の法令にあらわれた養子については、末期《まつご》養子に関する規定の変更が歴史の教科書にも出ていて、よく知られている。末期養子とは、跡継ぎのいない武家の当主が事故や急病などで死に瀕したとき、家の断絶を防ぐために窮余の一策として縁組みされた養子のことをいう。あらかじめ後継者を決めておかなかった罰として従来は禁止されていたが、のちに緩和されている。この件については、そうなる転機があった。

三代将軍の家光の頃までは、右記の理由で末期養子が禁じられ、諸大名の取り潰しによって牢人が続出していた。家光の死後、跡を継いだ家綱は幼少だったこともあり、政治空白の状態に近かった。不安定な社会情勢のもと、当時の幕政を快く思っていなかった牢人らの不満が顕在化した。それが慶安四年（一六五一）に発生した、由井正雪《ゆいしょうせつ》（一六〇五〜五一）の乱（慶安の変）である。この事件を機に、幕府は大名の末期養子の禁止を緩和して牢人の増加を防いだ。こうして五十歳未満の大名には、末期養子が認められるようになった。

その修正が法令に反映されたのが『武家諸法度』の天和令《てんなれい》で、五代綱吉によって天和三年（一六八三）に発布された。条文に末期養子の禁の緩和や、殉死の禁止などが明文化されている。ただし養子の規定も含めて、天和令にも血筋の「血」や「血脈」は出ていない。すでに山鹿素行らの学者が活躍し、親兄弟の「血筋」も説かれるようになっていたが、法令のような公文書の文章表現はおおむね保守的だった。

『武家諸法度』は一万石以上の大名が対象で、一万石以下の旗本と御家人に対しては『諸士法《しょしはっ》度《と》』が発布されていた。右の天和令『武家諸法度』に先立って、寛文三年（一六六三）に出された『諸士法度条々』（全二十三条）の段階では、まだ末期養子を禁止している。やはり血筋の「血」は使用されず、末期養子も含めた跡目の表現には、無難で一般的な「筋目」が使われている。

『諸士法度条々』の第十八条には、跡継ぎにふさわしい養子の条件が示されている。まず存命中に言上しておくべきであり、死後に申し出ても認められない。養子には「同姓」から相応の者を選ぶ。その内訳は弟や甥《おい》（兄弟姉妹の息子）、又甥《またおい》（甥の子）、あるいは従弟《いとこ》（男のいとこ）、又《また》従弟《いとこ》（祖父母の兄弟姉妹の孫。はとこ）とされている。

つぎに、もし「同姓」の者がいない場合の選び方を述べている。まず「入婿、娘方の孫姉妹の子、種替り（別の父親）の弟」とある。彼らのうち、父親の人格が優れている者を選ぶよう指示している。この枠組みでも適任者がいない場合には、奉行所に届けを出して指示を待つよう規定されている。もし実子であっても「筋目無き者」つまり出生などに問題のある場合は、認められないとしている。こういう「筋目」の「筋」には、正統性といった要素も含まれている。血縁のことをいう「血筋」や「血脈」以上に、家筋の良さを伝えることができ、継嗣関連の表現に重宝されていた。

『武家諸法度』は、徳川吉宗による享保二年（一七一七）の享保令まで改訂が重ねられた。以後も、将軍の代替りごとに発布されている。幕末の嘉永七年（一八五四）に若干の修正が加えられたほかは、天和令が踏襲された。よって、どの『武家諸法度』にも血筋の「血」は見られない。吉宗の時代に編纂が着手され、寛保二年（一七四二）に仮完成した『公事方御定書《くじがたおさだめがき》』も同様だった。

他方『公事方御定書』が成立する直前に編纂されたとされる、私撰の幕府法律書『律令要略《りつりょうようりゃく》』（寛保元年、一七四一）には「血筋」がある。『律令要略』は私撰つまり個人によって選定されているので、公文書の流儀にとらわれなくとも問題なかったのだろう。

十九条「跡式《あとしき》（遺産）、養子縁組、後家」では、重病になった当主が残した遺言状は採用せず、「血筋重キ方」に財産を譲るとある。臨終間際では、判断力に支障をきたしているかもしれない。そういう状態での意見よりも、血縁的な親疎という客観的な事実を優先させる規定になっている。もう一条には、父の遺産相続を決めておかなかった場合に「血筋近キ者」に相続させるべきことが規定されている。

これらの条文にある「血筋重キ方」や「血筋近キもの」には、独特の新しさがある。「重キ」や「近キ」といった形容を用いることにより、血縁関係の有無だけでなく、親疎の程度もあらわせるようになっている。ただし「近キ」や、逆の「遠キ」といった言語表現そのものは、とくに目新しくない。遠近による表現は、たとえば「系図遠くなりぬる」（真名本『曽我物語』巻二）といった具合に古くからあった。江戸時代になってから、「系図」といった旧来の部分が「血筋」に差し替えられただけともいえる。

血筋の「血」が最大限に意識され、液体として認識されるなら、理屈の上では「遠い」よりも「薄い」になるのが妥当だった。法令ではないが、たとえば郡奉行《こおりぶぎょう》で農政学者の大石久敬《おおいしひさたか》（一七二五〜九四）がまとめた『地方凡例録《じかたはんれいろく》』（寛政六年、一七九四、巻十一まで成立）の巻十には「たとへ血筋のうすくなり候とも」云々という一節がある（享保五年五月「質地請返ノ願」）。このような認識が普及するには、さらなる時間を要した。

†批判された武家株

いわゆる「士農工商」は、身分よりも職分の違いをあらわし、しかも固定的ではなかった。農工商の出身でも、諸藩や幕府の運営に貢献できる能力が認められれば、引き立てられて仕官する道も開かれていた。一方では、単に華やかな都会暮らしに憧れて仕官の道を目指す動きが、しだいに活発化している。そのことを批判した書籍や記録があり、実情を把握することができる。吉宗の時代に書かれた常盤潭北《ときわたんぼく》（一六七七〜一七四四）の『百姓分量記《ひやくしようぶんりようき》』（享保十一年、一七二六刊）も、過度の都会志向を批判している。

著者の潭北は下野国《しもつけのくに》出身の俳人だった。俳諧のかたわら教育活動にも取り組み、関東一円を歩きながら倫理道徳の道を説いた。各地で開かれた講話でのやりとりにもとづき、教訓書をまとめ続けた。その著『百姓分量記』では、農家が「分量」つまり分相応の暮らしを心がけるべきことを説いている。跋文や外題《げだい》（表紙に掲げられた題名）には「民家分量記」とあり、書名は「百姓」のほかに「民家（農家・町家）」という候補もあったらしい。実際、農家だけに限定されない一般的な道徳論も書かれている。

巻四の冒頭に「百姓分量得心《ぶんりやうとくしん》」と題する一条がある。「今の世は奢《おごり》がち」と称して、当時の農家の暮らしぶりがリアルに書かれている。村の人たちが町の暮らしに憧れるあまり、和歌や茶の湯、連歌、蹴鞠《けまり》、立花《りつか》などの不相応な贅沢好みに、うつつを抜かすありさまだという。実際のところ、各地の農家は元禄期の前後から米以外の農作物や特産品などのサイドビジネスに乗り出し、収益アップをはかっていた。そのため家計が潤った家も多く、つい派手な生活に流されやすかった。

潭北によると、近年は武士になろうとするのが流行っている。だから江戸に出て、武家の奉公先を探す。だが就職先は、そう簡単に見つからない。そのうち遊里通いで、身を持ち崩したりする。仮に職にありつけても、武家の仕事の大変さに直面して精神的に疲れてしまう。そうして十人のうち九人は、失敗して帰郷する。たまに出世する者もいるが、当てにはできない。

このような「武家狂ひ」は止めてもらいたいと、潭北は訴えている。

『百姓分量記』には「養子血脈の論」もある。目先の利益だけで養子を受け入れる人たちがいて、彼らは「血脈」のことを気にせず、相手の人間性の善悪も問わない。ただ持参金さえ用意してもらえればよく、自分の家が「他人」のものになってしまうことも、よく理解していない。目の前の欲望に屈して、後悔する人が多い。ひとたびは持参金によって家計が潤っても、実際には売り渡している。そうして売り払ってしまうより、たとえ貧困でも「血脈」を継続させることが本筋だとある。

このあと潭北は、日本と中国を比較する。中国では「同姓を娶《めと》らず」というが、日本ではそうではない。「血脈」を絶やさないようにするためには、「従弟合わせ（いとこ同士の男女を夫婦にすること）」などがよいだろうとある。だが潭北の懸念とは裏腹に、金目当ての養子受け入れが増え、しかも武家に顕著になっていった。

御家人株《ごけにんかぶ》の売買では、しばしば武家の跡目を「他人」や「他姓」の人たちに売り渡していた。当初は、どうしても近親者に後継ぎがいない場合のやむを得ない一手だった。表向きは養子縁組の形をとり、婿養子の持参金によって家格を売り渡し、養父が隠居して家督を相続させれば、御家人の地位を譲ることができた。幕府が持参金付きの養子縁組をくり返し禁止していたのは、出される禁令が大して守られていなかったことを示している。それほどまでして株の売買をしたのは、幕末期になると御家人の生活がいよいよ逼迫《ひっぱく》したことによる。また裕福な町人・百姓にとっては、やはり武士の気風が魅力的だったのだろう。

このように御家人株の扱いを問題視する声も、方々で聞かれた。しかし世間的には、養子による継承を血筋の「穢れ」と受け止めていたわけではなかった。あくまでも持参金目当てに対する道義的な怒りに留まり、「他姓」に受け継がれること自体は深刻に受け止められていない。それだけ「家」の継承を重んじる価値観が普及していたことを物語っている。

3 仏教語の読み替え

†血脈か法脈か

江戸時代の浄土真宗でも、元禄期の『叢林集』のように従来通りの「血脈」が説かれていた。それでも血筋に引き寄せた「血脈」の解釈も、しだいにあらわれた。インド仏教にさかのぼる「血脈」を受け入れていたことが、めぐりめぐって江戸時代に語義変化を引き起こす引き金になっていた。仏教の世界から世に出て日常語となった「血脈」の意味が変わり、そこからある種の逆輸入という形で影響を及ぼす道筋をたどっている。

この推移については、おもに二つの方向性があった。第一は「血脈」を血縁関係の意味と認定し、それと「法脈」の区別を鮮明にした解釈だった。その実例として、堺真宗寺（大阪府堺市）の超尊《ちょうそん》（一七三二〜八三）が東本願寺の故事をまとめた『安永勧進《あんえいかんじん》』（安永三年、一七七四成立）がある。

第一条には、親鸞の七人の子について記されている。すなわち嫡男の範意は早世し、次男（とされる）善鸞は宗旨の点で異端となったため破門された。その他は「法脈」を授かるには力量不足だったため、第七子の覚信尼と、親鸞の孫にあたる如信に「法脈」が継承された。末尾の箇所は、原文に「法脈御相承ナリ」とある。

第二条は、如信について述べられている。善鸞の子であると同時に「祖師」親鸞の孫でもあり、「法脈ノ義ハ祖師ヨリ直ニ御相承」なさったとある。如信には多くの子どもがいたが、「法脈」を受け継ぐ器の者はいなかった。そこで実子には譲らず、力量を見極めた上で覚如に継がせたと記している。

第三条は、本願寺三世の覚如について書かれている。覚如は覚信尼の子だった覚恵の子で、覚信尼から見ると孫に相当する。その覚如が如信に師事して、「祖師聖人嫡伝ノ法脈」を受け継いだことが記されている。法主の地位が子や孫に継承され、それとともに「法脈」も受け渡されると書き通している。「法脈」は江戸時代になっても師資相承の意であり、この箇所では血統と仏教的な相承の一致が強調されている。ただし混乱を避けるため、「血脈」の語は使用されていないのだった。

これに対して第三章では、血縁関係のことを今と同じように「血脈」と称している。第二条では「御一家（一家衆）」の由来に触れ、親鸞の「子孫」や「兄弟」の「御一族」といった「御血脈」のことと述べられている。蓮如以降の「一家衆」を「血脈」と表現しているので、この「血脈」は血筋の意になる。

第十五条「内陳余間差別之事」にも「一家衆」の記載がある。「一家衆」内部での「差別《しゃべつ》」つまり地位格差について説明したのち、第十一代法主だった顕如以降の「血脈」について記述されている。それによると、「一家衆」は顕如の代までは由緒正しかった。しかし本願寺が東西に分離してからは、「官料（礼金）」や「素絹《そけん》（白生絹・無紋の僧服）」を納めることで昇格が可能になったとある。血縁による結びつきを超えて、財力がまかり通るようになった実情を指摘している。

末尾の一文にある「血脈」も、明らかに血統の意味で使われている。いまだに「御一家」はあるけれども、みな「御血脈ハ断絶シテ。他姓ヨリ入寺ナリ」と書かれている。血筋の「血脈」が断絶してしまい、そのあとに非血縁の「他姓」が入ってきたとある。世襲であることが大前提なのに、もはやその原則が崩れてしまったという視点になっている。たしかに「一家衆」は、当初から血縁集団のことだった。

この『安永勧進』では、「法脈」と「血脈」を明確に区別して使い分けていた。これもまた、誤解を招かないようにするための手立てだった。日常語の「血脈」に血筋の意味が濃厚になってくると、世襲で受け継がれてきた寺院にとっては敏感にならざるをえなくなった。その一例と考えられる。

†親子のような師弟

血筋の「血脈」の普及にともなう第二の推移は、新解釈を受け入れて江戸時代の視点から過去の仏教思想を読み替える動きだった。豊後国《ぶんごのくに》（大分県）にある東本願寺派の光西寺の円解《えんげ》が書いた『改邪鈔随筆《がいじやしょうずいひつ》』に、その例がある。本願寺の三代目だった覚如の『改邪鈔』（第二章・第三節）の文章を交えながら解説し、書名も「改邪鈔随筆」になった。江戸時代語の意味に引き寄せて「血脈」が読み替えられ、新しい「三代伝持」の解釈になっている。もとの『改邪鈔』と読みくらべてみると、その差がよくわかる。

覚如の『改邪鈔』によれば、法然・親鸞・如信と続いた「三代伝持」とは、師弟関係をあらわす「師資相承の血脈」だった。その内訳は、法然が「曾祖師《そうそ》」で親鸞が「祖師」だった。「曾祖師」とは、祖父の父のことをいう「曾祖」と「師」を組み合わせたもので、三代前の師匠をあらわした。「祖師」は二代前の師匠の意だった。如信から見て、「曾祖師」や「祖師」との血縁関係の有無は問われていない。

対する円解の『改邪鈔随筆』では、異なる「三代伝持」が語られている。すなわち「曾祖師」とは「曾祖父」のことで、親を「父師」と呼ぶようなものである。その意味では、如信から見た親鸞は「祖師」に相当し、法然は「曾祖師」となる。「世間の血脈の名をか（借）りて」つまり世俗の「血脈」を借用し、仏法の「血脈」の正統性を知らしめるために、法然を「曾祖師」として第一に掲げたという。

こちらは「曾祖師」の「師」よりも血筋の「曾祖」に比重を置いた解釈で、「祖師」の場合も「師」より「祖」に意味を見出している。さらには、親子の「血すじ」が絶えることのないように「法の血すち」が続いていくのが、「血脈」だと書き足している。これこそ円解の解釈による真宗の「血脈」だった。

このあとにも円解は、「血脈」の解釈について議論している。その主張によれば、各宗にはそれぞれ「血脈相承」があり、仏法はそれを尊重する。ありがたくも仏法は、釈尊以来「的々相承」して、その由来が確かな教えであることを明確にして「師資相承」を尊重する。だから大乗小乗ならびに顕教密教の諸宗に「血脈」がないことはない。その実情をふまえ、親子間の「血スジ（筋）」が絶え間なく続くように「法脈」が連続するのが、「血脈」の原義だと説明している。

各種ある仏教語辞典にある「血脈」を見ると、継承の連続性を親子の血縁関係ほどの親密さの比喩と解釈した例に行き当ることがある。各宗門の開祖や高僧の著述集にある注釈や現代語訳でも、そういった例が見られる。場合によっては、世襲制をとらない宗派の「血脈」についても、同様に理解されている場合がある。それらは江戸時代の仏教思想の段階で、明示されるようになった考え方だった。たしかに「嫡々相承」といった表現も昔からあったが、それも「師資相承」の意だった。

中世の仏教思想は、血の穢れを意識していた領域の最先端でもあった。ところが江戸時代になると、世襲の宗門によっては法脈的な「血脈」を血筋の「血」に引き寄せる解釈も形成されていた。仏教思想に解釈の変化を生じさせるほど、江戸時代には肯定的な「血」の影響力が大きくなっていた。

†肉縁と血縁

文芸作品では、出会いや別れをもたらした要因として人と人との「縁」が描かれ、当事者の心に去来していた。変転を介して自覚される動の「縁」と、血縁関係を示す静の「血」の折り合いの悪さについては、すでに述べた。たとえ勘当によって親子の「縁」を切ったとしても、実際の血縁関係は切り離すことができない。それでも江戸時代の間に少しずつ融合がはかられ、現代語と同じ「血縁」が形成されている。一挙に浸透したわけではなく、それに先立つ予備的な段階があった。

江戸時代の半ば頃、歌舞伎や浄瑠璃の台本には「血筋の縁」があらわれていた。割合でいえば、実質上は「血筋」よりも「縁」に力点があった。親兄弟の「縁」といった伝統的な表現のうち、親兄弟の部分が「血」に置き換えられたようなものだった。出会いや別れを介して再認識されたり、あるいは勘当したりする際に語られ、やはり「切る」タイプの「縁」である。それでも「血筋の縁」を省略すれば「血縁」になり、現代語に至る前段階という見方もできなくはない。

造語「血縁」の下地になった言い回しとして、「血筋の縁」のほかに「肉縁」があった。「骨肉」的な「肉」と「縁」を組み合わせたような新語で、実例は「血筋の縁」と相前後して登場している。竹田出雲（?〜一七四七）作の『菅原伝授手習鑑《すがわらでんじゆてならいかがみ》』（延享三年、一七四六初演）にも一例がある。

本作は菅原道真（八四五〜九〇三）の大宰府左遷を枠組みにしながら自在に脚色されている。三段目には「情なや、この松王は。時平公に随ひ。親兄弟とも肉縁切」とある。藤原時平（八七一〜九〇九）に仕えていた松王丸は農家の子で、牛車《ぎつしや》を扱う舎人《とねり》だった。その彼が父親の白太夫に対して、自分を勘当するよう願い出て「肉縁」を「切る」場面である。やはり「切る」ことができる以上、「肉」より「縁」が主体になっている。

だが江戸時代も後期に向かうにつれて、血筋寄りの「肉縁」も生み出された。二代目並木《なみき》正三《しょうぞう》（?～一八〇七）でもあった入我亭我入《にゅうがていがにゅう》の『戯財録《げざいろく》』（享和元年、一八〇一成立）にも、一例がある。本作は歌舞伎の作劇法や古今の作者列伝について綴られ、そこに近松門左衛門の伝記考証がある。それによると近松は僧侶で、京都にいた「肉縁の弟、岡本一抱子」という儒家の医師のもとに寄宿した。やがて還俗して公家に奉公してから、京都の浄瑠璃の先達だった宇治加《うじか》賀掾《がのじょう》（一六三五～一七一一）らの台本を下請けしたことにより、作家の道に転身したと書かれている。

そこに出ている医師の岡本一抱《おかもといっぽう》（一六五四～一七一六）は、近松の弟だった。それが「肉縁の弟」と表現されていて、両者の血縁関係だけが示されていて「切る」対象でなく、現代語に訳せば「血縁」がもっともふさわしい。

曲亭馬琴の随筆『羇旅漫録《きりょまんろく》』（享和三年、一八〇三刊）中巻の第九十「近松門左衛門ヶ伝」には、並木正三の『戯財録』をふまえて書かれた近松伝の考証がある。そこにも「肉縁の弟」のことが引用されている。馬琴は正三に直接会って近松の墓所を尋ね、正三が記録したものを借りて筆写したという。

おそらくは右のようなプロセスをへて「血」と「縁」が結びつき、「血縁」という新たな日本語が生み出された。当初はチエンと湯桶《ゆとう》読みで発音され、幕末維新期以降にはケツエンと音読されるようになった。もとをたどれば「血」に血縁関係の意味が派生し、人間関係をあらわす言葉の仲間入りを果たしたことから、すべてが始まっていた。

その末に「血縁」が普及したことによって、今度は「縁」も変化を迫られている。ひとつは「切る」ことができない、静的な「縁」の誕生だった。国語的に解釈すれば、従来よりも語義が広げられた。逆に思想や概念の歴史として見れば、血縁関係を受け持つことによって「縁」の可動域が狭められたともいえる。一段と現世寄りで、現実寄りの「縁」の比重が拡大したのである。

前世を想定した「縁」理解は、今や遠い昔の言語感覚になってしまった。成句の「袖《そで》振り合うも多生（他生）の縁」の「多生（何度も生まれ変わること）」という感覚も、現代人には馴染みにくくなった。その末に同音の「多少」のことと誤解されたのは、ひと昔前なら笑い話だった。今や笑い話にならなくなってきたのは、「多少」が正解であるという理解に傾いてきたからなのだろう。

旧来の因果論的な「縁」の縮小は、現世的な価値観の台頭によるものだった。「血」の変化に後押しされた部分も、いくらかはあったかもしれないが、あくまでも影響力の一端にとどまった。それでも「血縁」の登場は、「縁」が現世的な方向に進む大きな推移の途中であらわれた、象徴的な動きだったといえる。

4　国学と復古神道

†崎門派の神代解釈

貝原益軒が『農業全書』に書いた「御血脈」は、天皇家の血統のことだった。あくまで一族の血統であり、一子相伝で継承される天皇個人に限定されていなかった。もし血筋の「血脈」を天皇個人に使うと、今度は継承の正統性が伝わらなくなるジレンマを抱えていた。ところが益軒が活躍したのと同じ時期になると、皇統の一子相伝の部分を血筋寄りの「血脈」であらわそうとする試みも登場している。その主張をリードしていたのが、儒家神道に属する学者たちだった。

この点に関して、率先して踏み込んだ議論を推し進めていたのが、崎門《きもん》派と呼ばれた山崎闇斎門下の学者や、その弟子筋の神道家たちだった。皇統と「血脈」を関連付けなかった師匠の闇斎とは、じつに対照的だった。彼らは闇斎の『垂加社語』に示された神代の説をふまえながらも、各自の「血脈」観を織り交ぜた。当然その際には、継承の正統性が保たれるように筆致を調整しながら、論を構築する必要があった。むしろその部分に、学者ごとの思想的な特色があらわれている。

このあと列挙する闇斎系統の儒者や神道家たちは、いずれも日本史上では無名に等しい。それでも日本語「血脈」の変遷について語る上では、ぜひとも押さえておきたい人たちである。皇統といえば、現在では血統のことと理解されているが、その認識は無名の彼らによる思案から本格化している。

神道家の跡部良顕《あとべよしあき》（一六五八～一七二九）は、闇斎の学説をまとめた『垂加文集』や『垂加翁神説《すいかおうしんせつ》』などを刊行し、江戸に垂加神道を普及させた。その著『神道排仏説』（正徳三年、一七一三成立）には、仏教的な輪廻転生説を批判した箇所に「血脈」がある。良顕は「先祖より一気の血脈相続する事をしらず」と断じ、そこに「気」と並んで「血脈」が語られている。日本人の「先祖」にさかのぼる「血脈」といった表現は、闇斎には見られなかった。問題は「先祖」の起点を、どこに設定しているかだった。

つぎに取り上げるのが、儒者で神道も学んだ京都の若林強斎《わかばやしきょうさい》（一六七九～一七三二）の『雑話筆記』である。これは門人の山口春水《やまぐちしゅんすい》（一六九二～一七七一）が筆録した著述だった。アマテラス以来の「御血脈」が今日に至るまで続いていることに対して、強斎が「人間の種」ではないと指摘した箇所がある。血筋の「血脈」を神武以前に適用すると、神々まで血の通った人間のように受け取られてしまうため、ひと言補足したのだろう。ここにも、ひとつの解釈が示されている。

儒家神道が勢いづいた頃、六代家宣と七代家継を補佐した儒者の新井白石《あらいはくせき》（一六五七〜一七二五）は、八代吉宗の就任にともなって幕政から退けられた。以後は執筆活動に専念している。神武天皇までの神代史を再構成した『古史通《こしつう》』（享保元年、一七一六成立）の中で「神とは人なり」と評したことはよく知られている。崎門派の学者たちは、この割り切れた立場に徹するわけにもいかなかった。

若林強斎の『雑話筆記』には、日中の政治を比較した箇所もある。たとえ衰えたとはいっても、天皇家の「御血脈」が途絶えず、中国の禅譲《ぜんじょう》や放伐《ほうばつ》といった混乱の事態に至らなかったのは幸いだという。有徳者から有徳者に天子の位が継承される禅譲や、有徳者が武力で暴君を駆逐して王位が交替する放伐は、ある意味で世襲の対立概念だった。こうして禅譲・放伐と対置されている「御血脈」もまた、血統のことをさしている。

これと似た議論は、たとえば山鹿素行の『中朝事実』にもあった。易姓革命がくり返されてきた中国と違って、日本の「皇統」は「無窮」であると説かれていた。ただし素行は皇統をそのまま「皇統」と称し、「血脈」と呼ばなかった。『山鹿語類』で親兄弟の「血脈」も語っていた素行にとって、子孫が増えていく「血脈」は一子相伝の皇統に適用するのは不向きだった。対する若林強斎は、皇統をあらわすのに血筋の「血脈」を用い、その流れは後世も変わらなかった。

京都の神道家だった玉木正英《たまきまさひで》（一六七一〜一七三六）の『玉籤集《ぎょくせんしゅう》』（享保十二年、一七二七編）巻二に出てくる「血脈」も、血筋に近い。イザナギとイザナミについて、闇斎が『垂加社語』で説いた「造化」と「気化」をふまえながら、闇斎が触れなかった「血脈」が取り入れられている。末尾には「夫婦の道」と関連づけられた「血脈」があり、これも血縁関係のニュアンスが強い。

しかも後ろのところでは、イザナギとイザナミが最初に夫婦の道を正したために「血脈」が正され、人の道が成り立ったという（「雌元雄元之伝」）。かつて若林強斎は、アマテラス以降の「血脈」について人間的な「種」ではないと強調し、純粋な血筋と解釈しなかった。それにくらべると、天照大神を産んだ「二尊」にまでさかのぼって人間的・血筋的にとらえた正英の「血脈」は、純粋な血筋に今一歩接近している。イザナギ・イザナミを人間の起源と見るとらえ方（「人は二尊より始まる」）があってこそ導かれる「血脈」理解だった。

もうひとり、神道家の松岡雄淵《まつおかゆうえん》（一七〇一〜八三）は尾張国（愛知県）にある熱田神社の祠官の子だった。儒学を若林強斎に学び、垂加神道を玉木正英に学んだ。『神道学則日本魂《しんとうがくそくやまとだましい》』（享保十八年、一七三三刊）で当時の神道家を批判し、垂加神道の組織化をはかっていた師匠の正英から破門されている。

この本は問答体で書かれている。付録の「学則答問」では、質問者が「造化」のクニトコタチから「気化」の「二尊」に続く「御血脈」とはどのようなものか問う。その返答として、まず万物はクニトコタチの「血脈」であり、皇統はクニトコタチから「二尊」が継承した「御血脈」について「正統たること異儀なし」と述べられている。原初のクニトコタチからすでに「血脈」が続くとする立場をとっている。

すると問答の質問者は、古代中国の聖賢とされる為政者を引き合いに出す。それによると「中庸の道」によって議論するなら、「道理」に合うのが「正統」とみなされる。日本のように「血脈」は続いても「道理」が続かなければ「正統」と称するには及ばないという。そう問われた雄淵は、たとえ有能でない子どもや臣下でも「忠孝」の心は備わっていると答えた。「血脈」は続いても「道理」が続かなければ「正統」とするには及ばないという、理性的な立場を退けている。この議論もまた、血筋に引き寄せられた「血脈」には正統性が抜け落ちやすかったことを物語っている。

皇統をめぐる「血脈」の再解釈は、闇斎の門下生らによる神代巻の読み解き合戦でもあった。そのためテーマ的に専門性が高く、耳慣れない学者名や書名が大半を占めていた。それでも伊藤仁斎以降、独自の古典解釈が加速したことにより、儒家神道の学者たちによる日本の古典解釈をうながした。そうして神代巻も読み解かれていく過程で、江戸時代語の「血」も加味されていったと考えられる。

†本居宣長の前と後

山崎闇斎の門人らに代表される儒家神道は、一時期は大きな勢力を誇ったものの、しだいに衰退の道をたどった。とりわけ吉宗以降に台頭した国学によって批判されるに至り、徐々に勢いを弱めている。国学者の視点からすれば、儒家神道の主張内容を裏付ける文献考証が足りていなかった。それ以後、神代巻も含めた日本古来の思想の研究については、国学がリードしていった。

古語の分析から着手し、あるがままの古代思想や伝統文化を探究する姿勢が、国学研究の根幹にある。当初は、和歌を研究する歌学とも縁が深かった。国学発展の基礎を築いた契沖《けいちゅう》（一六四〇～一七〇一）は、まだ神道関連の主張には乏しかった。京都伏見の稲荷神社の神官の子として生まれた荷田春満《かだのあずままろ》（一六六九～一七三六）の段階では、その点が明確化している。ただし文献学的な研究方法は、まだ確立されていなかった。

そこから賀茂真淵《かものまぶち》（一六九七～一七六九）、本居宣長《もとおりのりなが》（一七三〇～一八〇一）に受け継がれ、学問の方法や思想的な立場などがしだいに確立されるに至っている。古語の実証的な研究は、宣長の一貫した研究方針となった。宣長学とも称される学問体系は、質量ともに国学の頂点をなした。

国学者たちが活躍した頃になると、「血」のつながりという認識は国内に十分浸透していた。今となっては調べようもないが、真淵や宣長も日常会話では普通に用いていたと考えるのが自然である。それにもかかわらず、彼らが書き残した研究書には、血筋の「血」に言及した例が見られない。

宣長の学問的な著述に記された「血脈」は、仏教や芸道の世界でいう「血脈相承」のことだった。初期の歌論となった『排蘆小船《あしわけおぶね》』には、仏教諸派に「師資相承の血脈」があると書き起こされた一節がある。このあと、「あるいは子に伝へ弟子に伝へて、その家の血脈を伝ふる」と続く。実子だけでなく、非血縁の弟子への相承のことも書かれている。総じて伝統的な、一子相伝の「血脈」について話している。さらに宣長は「儒道にも道統相伝と云ふことあり。その外《ほか》諸芸に至るまで、家々に云ふる処の旨あり」と述べている。儒学の系譜をいう「道統」も、非血縁の師弟関係によって成り立っていた。

真淵や宣長らの国学者が血筋の「血」を論じなかったのは、古代語の「血」にその用法が存在しないことを知っていたからなのだろう。しかし儒家神道の学者たちは、実際に存在したかのように、神代巻から血筋の「血脈」を見出していた。学問的な立場を徹底した宣長にしてみれば、それは牽強付会にすぎなかった。
だが宣長以降になると、さらに状況が二転三転している。ある種の反動といえる動きの中で、皇統を「血脈」や「血統」によって、積極的に表現する後継者もあらわれた。とりわけ、多義的な「血脈」ではなく、純粋に血統のことしか意味しない「血統」を「皇統」と融合させる試みも増えている。

　宣長以降になって、皇統を「血統」と表現する事例が増えるためには、前段階が必要だった。「血統」という、新たな言葉が日本語に登場していなければならない。現に文学作品や浄瑠璃・歌舞伎といった舞台芸術の台本に、見受けられるようになっている。近松半二の『時代織《じだいおり》室町《むろまち》錦繡《にしき》』（天明元年、一七八一初演）の後段では、「足利の血統たる武将義輝」をはじめとして「血統《ちすぢ》」を何度か用いている。

「統」は訓読みでスヂだったから、新語の「血統」は「血筋」や「血脈」などに次ぐ、チスヂの新たな漢字表記でもあった。「縁」との折り合いが悪かった「血縁」の場合と違って、血筋の「血」には「統」との相性の悪さがなく、結果的に「血縁」よりも先に普及している。その新語が、皇統を語るのに採用されていた。

　宣長学からの新展開は、宣長の死後に入門して「没後の門人」を自称した平田《ひらた》篤胤《あつたね》（一七七六〜一八四三）から本格化した。天地開闢論では諸外国の伝説にも視野を広げるなど、篤胤は文献考証とは異なる道を進んだ。その結果、学問よりも思想的な色彩が強い、平田神道ともいえる論を展開している。

篤胤は皇統に対して「血統」以上の格付けを試みた。旧来の「血脈」から弾き出された継承の正統性の部分を、儒家神道以上に補おうとした。「御血統」と「御正統」を、ともに「オホミスヂ」と読ませた（『古史伝』巻二十六ほか）のは、その一例に数えられる。篤胤が示した方向性は、幕末期の尊王攘夷運動にも取り入れられた。

国学を学び、勤王の志士としても活動した伴林光平《ともばやしみつひら》（一八一三〜六四）は『園能池水《そののいけみず》』（安政六年、一八五九刊）をまとめた。この本では「日神（アマテラス）」から幕末の天皇までが「御血統」で一本化されている。

天皇《すべらみこと》は即日神《ひのかみ》の御血統《おちすじ》に在て、今も尚現御神《あきつみかみ》と称へまつり、天津日嗣《あまつひつぎ》（アマテラスの継承者）と仰ぎまつりて、人即神にてませり。

明治時代以降に国家神道が形成されていく経緯については、多くの先行研究がある。国内外の政治や社会情勢を含めて、さまざまな要因が連動していたことが知られている。それに加えて、江戸時代に血筋の「血」が登場したことも前史の一端だった。皇統を「御血統」と称する解釈は、イエスの「値高き御血」以来、もっとも高位に置かれた「血」認識でもあった。中世社会の人たちから見れば、日本語の「血」に「御」の字が冠せられる日が来るとは、想像しにくかったことだろう。長い血穢の歴史からすれば、神聖さを汚すものから神聖さの象徴に格上げされたのは、実に大きな価値観の変化だった。

明治社会は、文明開化や富国強兵といったスローガンにより、欧米社会に追いつくことを目標にしていた。最終的には、欧米社会と対峙する構図も生み出された。その当時の政治や社会の精神的な支柱となった皇統の解釈に、西洋渡来の「血」の思想が潜んでいたと考えてみるのも興味深い。西洋思想の力も借りて、西洋世界に相対したようにも見えるからである。

†誤った語源考証

国学者といえば、古語の専門家でもあった。その彼らでさえ、古代語の「ち」に血筋の要素を見出し、そこを前提とした語源解釈を残している。さすがに第一人者の本居宣長は、安易なことを書かなかった。それでも後続の国学者たちは、宣長ほど文献考証に厳密でなかったこともあり、ときには誤った判断を下していた。

この問題はおおむね、チやヂの音を含む漢字の字義の上にあらわれている。まず源氏や平氏の「氏(うぢ)」については、現在では諸説に分かれている。はるか遠い昔にさかのぼる語源の話なので、解釈が分かれること自体は珍しくない。その一説は「うち〈内・中〉」に由来するという見方で、身内のことをいう「うち」の「ち」が濁音化して「うぢ」になったとする。ほかには、家系や家柄などをあらわす「すぢ〈筋〉」から来たとする説もある。つまり現在は「氏」の語源説として、「血」の可能性がほぼ想定されていない。

このテーマについて論じた国学者の伴信友《ばんのぶとも》〈一七七三〜一八四六〉は、平田篤胤と同じく宣長の没後に門人となった。晩年にまとめられた随筆の『比古婆衣《ひこばえ》』巻十で「氏」の語源に触れている。もともと「宇遅〈氏〉」は「人のうへ〈上〉の血統」を意味し、俗に「筋目家筋」などといった意味だという。その「血統」を分割して何氏、何氏と名づけるようになったので、名づけたうちの上位のみを「氏」と心得るのは間違いだと述べている。信友から見た「うぢ」は、それ自体が上位の血統なのだった。

「氏」に別の解釈をほどこした例もある。和歌山藩士だった国学者の伊達千広《だてちひろ》〈一八〇二〜七七〉がまとめた『大勢三転考《たいせいさんてんこう》』は、古代から江戸幕府の成立までを三つに区分し、通史的に叙述している。幕末近くの嘉永元年〈一八四八〉に書き上げ、明治六年〈一八七三〉になってからやっと刊行された。「上つ代」「中つ代」「下つ代」と分けた三時代を、さらに各時代の政治制度の特色をもとにして「骨の代《かばねのよ》」「職の代《つかさのよ》」「名の代《みようのよ》」と呼ぶ独特の時代区分論だった。もっとも古い「骨の代」における「骨」の解釈が、「氏」と対比されている。

千広によれば「骨」は神武天皇の時代の国造《くにのみやつこ》や県主《あがたぬし》にさかのぼり、彼らの居住地や職務と結びついていた。一方「氏」の原義は「生血」であり、「血脈の流」をあらわす言葉だという。「氏」は同じ一族だけが名乗ることができ、「骨」はその職務ごとに諸氏が名乗った。よって双方を身体にたとえてみると、「氏」が「血脈」だとすれば、「加婆祢（かばね＝骨）」は「骨《ほね》」に相当するとしている。

「う」の解釈については、信友が「上」で千広が「生」だった。そこは意見が分かれていたが、「ぢ」はどちらも「血脈」すなわち「血」で一致していた。このように「血」と関連付けた「氏」の語源説が登場していたのは、「血」にポジティブな意味合いが育った江戸時代ならではの発想にもとづいていた。

このほか平田篤胤の門人だった宮内嘉長《みやうちよしなが》（一七八九～一八四三）の著『遠山毘古《とおやまびこ》』（天保五年、一八三四成立）は、「道（みち）」の「ち」を「血」に結びつけている。「道」とは「真血（まち）」のことであり、父母から「真血」つまり「道」を子に伝え、子がその「真血」を受け継ぐと解釈している。おそらくは、血筋を意味した古語の「筋」に近い感覚でとらえているものと思われる。

幕末前後の時期に書かれた国学者たちの文章について、さらに細かく調査してみれば、個々の実例はほかにも見つかるのだろう。だが語源の解釈が正しいかどうかは、本質的な問題ではない。むしろ言葉の専門家でさえ、つい勘違いしてしまうくらい、江戸時代語の「血」に占める血筋の割合が高まっていたことが注目に値する。昔からそういう字義があったと学者が錯覚するほど、日本語に根付いていたのだった。

赤染衛門の父親

中国渡来の滴骨法と違って、親子の血を混ぜ合わせる鑑定法の「血合わせ」は井原西鶴あたりから世に出たものと思われる。その後、滴骨法と肩を並べるくらい普及し、舞台芸術の演出にも取り入れられている。国学者の入江《いりえ》昌喜《まさよし》（一七三二～一八〇〇）の『幽遠随筆《ゆうえんずいひつ》』（安永三年、一七七四刊）にも、そのことが指摘されている。

本書は世間の雑事に、俗語考証などを加えたものだった。昌喜によると、自分の子どもか他人の子どもか判別しようとするなら「父が血と子の血とを合」わせてみるとよい。わが子なら自分の血とひとつになり、他人の子なら交じり合わないと言い伝えられている。芝居などでも、よく用いられている手法だという。

昌喜は「血合わせ」の解説の少し前に、平兼盛《たいらのかねもり》（?～九九一）の逸話を載せている。兼盛は平安時代の歌人で、三十六歌仙のひとりに選ばれている。すでに妊娠していたともいわれた妻が兼盛と離婚し、役人の赤染時用《あかぞめときもち》と再婚したときに生まれた娘が赤染衛門《あかぞめえもん》だった。彼女は『百

人一首』に収められた、

やすらはで 寝なましものを さ夜ふけて 傾《かたぶ》くまでの 月を見しかな

でも名高い。兼盛は自分の娘だと訴え、時用も譲らなかったため裁判沙汰になった。自分が実の父親であることを証明するため、兼盛は「合血すべきの由」を申し出た。しかし最終的には、時用の言い分が認められたとある。

国学者の谷川士清《たにがわことすが》（一七〇九～七六）も、この逸話を取り上げた。入江昌喜の『幽遠随筆』から三年後に出た、国語辞典の『倭訓栞《わくんのしおり》』前編（安永六年、一七七七刊）に、その一節がある。巻十五に「血をあ（合）はす」の条があり、『唐書』に載せられた王少玄の伝承と結びつけられている。

有名な赤染衛門の逸話だったことも手伝って、この問題は明治以降になっても関心が持たれた。医学博士で文筆家だった高田義一郎（一八八六～一九四五）の著『趣味の医学夜話』（昭和四年、一九二九刊）も「合血法」と題し、その由来について詳細に考証している。士清の『倭訓栞』に書かれている赤染衛門の逸話を引用し、ほかにもさまざまな用例を紹介している。高田本人の意見としては「アイヌの古俗」説をはじめとする諸説があるとした上で、現状では特定するのがむずかしいと述べている。

　赤染衛門の父親をめぐる疑惑は、当事者が存命だった平安時代からすでにあった。その真偽を判定するのに「血合わせ」が使われたとする逸話の起源となると、確定するのはおそらく容易でない。それでも基本的に、血の穢れに対する嫌悪感が渦巻いていた宮中から「血合わせ」は発想されにくかったと考えられる。江戸時代になってから、この高名な歌人同士の血縁関係を判別する方法として、オリジナルの物語に書き足された後付けの理屈と考えるのが、もっとも妥当ではないだろうか。

　こういう逸話も含めて、江戸時代の人たちは親子の絆が問われたり、試されたりする物語や芝居が好きだった。養子が珍しくなかった江戸社会で、血のつながった親兄弟の絆が説かれた舞台劇が人気を誇っていた。おそらくはドラマの展開と同じように、実の子による継承を維持できれば、それが理想だった。当時の人びとは、その理想像を舞台上の世界に見出していたのかもしれない。

5　蘭方医と産科医

†解体新書への道

血の話なら、医学思想や医療と切っても切れない関係にある。そして江戸時代の医学については、蘭学の導入が大きな転機になっていた。

西洋医学の導入に先鞭をつけたのが、通称「南蛮流」だった。その流派を介して国内に広まった医療技術のひとつが、傷口の縫合だった。それ以前、戦国時代あたりまでは、針や糸を使用する外科治療がまだ知られていなかった。そこで切り傷などの外傷を治療するときには、漢方や民間療法の膏薬《こうやく》を用い、温泉地での湯治などにも頼っていた。人体を縫い物のように扱うなど、在来の医療の常識を超えていたのである。それでも鉄砲伝来によって弾丸の摘出が必要になり、銃創を糸で縫い合わせる技術が求められるようになっていた。

元禄期の前後に活躍した長崎出身の栗崎道有《くりさきどうう》（?〜一七二六）は、祖父の代から続く南蛮流の外科医術を学んだ。出島を訪れたヨーロッパの医師らによって伝えられた「阿蘭陀（オランダ）流」の外科も習得すると、元禄四年（一六九一）に江戸へ出て幕府の官医になった。十年後の元禄十四年（一七〇一）、江戸城内で吉良義央《きらよしひさ》（上野介。一六四一〜一七〇三）が赤穂藩主の浅野《あさの》長矩《ながのり》（一六六七〜一七〇一）に斬りつけられた際には、駆け付けて応急処置をほどこしている。翌年、義央が赤穂浪士に斬られた際には、遺体の首と胴体を縫合している。

江戸城の松の廊下で起きた刃傷事件に対して、時の将軍だった徳川綱吉は厳しく対処した。事件発生時、江戸城では朝廷からの勅使を接待している最中だった。そのこともあり、場所柄もわきまえず刀を振るって流血の事態を招いた浅野に対し、綱吉は即日切腹を言い渡した。近親の人の死に際して、喪に服すべき期間を定めた服忌令《ぶっきりょう》の厳密化でも知られる綱吉は、血の穢れに敏感な将軍だった。

赤穂事件から約半世紀後、二代目の竹田出雲らによって浄瑠璃作品の『仮名手本忠臣蔵《かなでほんちゅうしんぐら》』（寛延元年、一七四八初演。全十一段）が書き下ろされた。幕政に物申す形にならないよう、舞台設定を南北朝時代の『太平記』の世界に置き換えた。吉良上野介を高師直《こうのもろなお》に、浅野長矩を塩谷《えんや》判官《はんがん》、大石良雄を大星由良之介《おおぼしゆらのすけ》に差し替えている。四段目では、塩谷判官の亡骸が菩提寺へ送られる場面で由良之助が敵討ちの誓いを立てる。浅野が切腹に用いた短刀の切っ先に「わが君の御血をあや（滴）し」た無念を晴らすため、同じ短刀で師直の首を取ると宣言している。主君の「御血」は、十分に江戸時代的だった。

栗崎道有の処置に象徴されていたように、西洋の医療といえば外科が役に立つと思われていた。やがて種々の蘭書が出回るにつれて、内科もすぐれていることがわかってきた。それに先立って、徳川吉宗が享保五年（一七二〇）に従来の禁書令を緩和していた。西洋科学が改暦や測量などに役立つことを評価した吉宗は、キリスト教に直結しない自然科学系統の蘭書研究を公認したのである。

人体の構造を正しく知ろうという機運は、在来の漢方医にも芽生えていた。彼らは古方派《こほうは》と呼ばれ、実証を重んじた後漢末の張仲景《ちょうちゅうけい》の『傷寒論《しょうかんろん》』などに立ち帰り、空理空論に流れない方針を打ち出した。そのひとりが京都の山脇東洋《やまわきとうよう》（一七〇六～六二）で、宝暦四年（一七五四）、処刑された死体による国内初の人体解剖に立ち会った。そのときの調査結果を取り入れて、国内初の解剖図誌の『蔵志《ぞうし》』（宝暦九年、一七五九刊）をまとめている。

東洋は荻生徂徠の古文辞学に傾倒していた人物としても知られている。医療の分野で古方派が台頭するのと、儒学の領域で古文辞学が支持されていく動きは相前後していた。理念的な要素をなるべく排除し、社会性や実用性を重んじようとする学術の動きが、各方面で巻き起こっていた。

山脇東洋による人体解剖を知って、江戸にいた杉田玄白（一七三三～一八一七）は大いに刺激を受けた。明和八年（一七七一）、千住《せんじゅ》大橋のたもとにある小塚原《こづかはら》刑場で前野良沢（一七二三～一八〇三）や中川淳庵《なかがわじゅんあん》（一七三九～八六）らとともに、処刑死体の解剖を検分している。そのとき携えていたオランダ語の『ターヘル・アナトミア』の正確さを実感し、仲間とともに翻訳することを決意した。

三年後の安永三年（一七七四）に『解体新書』が公刊されるまでのいきさつについては、玄白による回顧録の『蘭学事始《らんがくことはじめ》』（文化十二年、一八一五成稿）下巻にある文章が名高い。手引きとなる蘭和の辞書もなく、訳語の選定に試行錯誤をくり返す日々が続いていた。完成するまでには、十一回にも及ぶ推敲が重ねられていた。翻訳は語学に長けた前野良沢が主導したが、推敲の段階では玄白も大いに発言していたのだろう。

『解体新書』では動脈を「動脈」、静脈を「血脈」と訳した。血管に関する一連の訳語の選定については、『解体新書』の刊行から二十年以上たって世に出た玄白の『和蘭医事問答《おらんだいじもんどう》』（寛政七年、一七九五刊）にくわしい。この本は陸奥国の一関《いちのせき》藩（岩手県）の藩医だった建部清庵《たけべせいあん》（一七一二～八二）と、江戸の杉田玄白による往復書簡を再構成して編集された。

かつて清庵は江戸に出て、オランダ外科を学んだ経験があった。大いに触発されながらも、さまざまな疑念を抱いた。そこで納得できない点をまとめた質問状を門人に託し、江戸の医師たちを訪問させたところ、玄白に行き着いた。まだ『解体新書』が出版される前のことである。渡された質問状に感銘を受けた玄白は返信を書き、そこから双方のやり取りが始まった。清庵は清庵で玄白の真摯な対応に敬意を表し、有望な弟子を江戸の玄白のもとに送り出した。それが、のちの大槻玄沢《おおつきげんたく》（一七五七〜一八二七）だった。

『和蘭医事問答』の下巻には、心臓や血流について記された箇所がある。その一節によると、心臓から出ている「動脈」によって血液が運ばれ、全身に送られる。そこから「動脈の血を受け」て、心臓にもどる。その「血道」のことを、オランダ語で「ホルレアアデル（静脈）」といい、これを「血脈」と訳した。ただし、現在の血液循環論とは異なる。解剖した人体の臓器の配置などに主眼があり、そのメカニズムにまでは踏み込んでいなかった。

今日まで使われている「動脈」に対して、『解体新書』が選定した「血脈」は長続きしなかった。すでに十分多義的で、純粋な蘭方の術語として認識されづらかったのだろう。静脈のことを「静脈」と訳出したのは、宇田川玄真《うだがわげんしん》（一七七〇〜一八三五）の『和蘭内景医範提綱《わらんないけいいはんていこう》』（文化二年、一八〇五刊。通称『医範提綱』）だった。『解体新書』の刊行から数えて、三十年近く後のことだった。

著者の玄真は若い頃、玄白の娘と結婚して杉田家の養子にむかえられた時期があるほど、将来を嘱望されていた。離婚してからは、津山藩（岡山県）の藩医を代々務めていた宇田川家に、婿養子として招かれた。その後は江戸詰《えどづめ》の津山藩医として暮らし、ヨーロッパの医学書や百科事典などを幅広く翻訳している。

同じ江戸で、玄白は小浜《おばま》藩邸の酒井家の侍医《じい》として長年勤めていた。その勤務のかたわら書き留めていたものが、のちの『形影夜話《けいえいやわ》』（文化七年、一八一〇刊）だった。『蘭学事始』に先立って、世に出ている。書名は、鏡に映った自分の影との対話という設定からとられている。本書には、いわゆる「お脈を拝見」方式の脈診《みゃくしん》について否定的な意見が述べられている。蘭方の評価が高まるにつれて、蘭方医が漢方や民間療法に物申す機会も出てきた。

多少悪口をいうようだが、と前置きしてから玄白は語る。当世、病人のいる家を訪れた医者は最初に脈診をして「浮沈遅数」を指で探る。しかし「脈」の動きが、皮膚の下でどうなっているのかは知らない。「血」とも「気」とも識別せず、ただ「脈」というものと心得ていて見識が浅すぎる。

また世間では、「三部九候《さんぶきゅうこう》（診断法のひとつ）」「臍下《せいか》（へその下）一寸腎間の動」「四時胃気の脈」などと称している。それはどれも「血の流行する脈管の応」つまり、血のめぐりからくる脈拍の手応えにほかならない。それなのに従来の解釈を信じて振り回され、人生を棒に振る人がいる。対する「内景《ないけい》（人体の構造）」にくわしい医者は、本源を解明しようと努める。その視点に立てば、「脈」と称するものは総じて「血の通ふ管」のことだとある。玄白からすれば、漢方医のいう「血脈」は「血」だけでなく「脈」もなお不明瞭だった。

†人体解剖の名脇役

血の穢れ意識は、人体の構造や機能のことをよく知らなかった時代に思い描かれた、なかば想像上の産物でもあった。知らないがゆえに、未知なるものに対する恐れの念が無制限に膨らみ、渦巻く恐れの最終形態が失血死だった。そのため『解体新書』の刊行を契機に、体内の血流や出血に至るメカニズムの知識が普及していくにつれて、必要以上の恐怖心は徐々に取り除かれていった。たとえその知識が依然として不十分で不正確でも、何らかの判断が示された時点で、恐れの緩和には大きく寄与したと考えられる。

解剖学がもたらす知識の普及は、医療行為の改善にも結びついた。そうなるとむしろ、死に至る道を食い止めようとする営為でさえあった。血穢や死穢を払拭する潜在力さえ、秘めていたのである。その解剖という行為の実務を担当し、蘭方医の手助けをしていたのが、古くから「えた（穢多）」とも呼ばれた職種の人たちだった。医療活動をサポートし、穢れの印象を緩和できれば、彼らの社会的なイメージアップにもつながる道が開かれていた。

『蘭学事始』の高名な逸話によると、『ターヘル・アナトミア』に描かれていた体内の図解が、在来医学の情報と大きく異なっていた。そこで自分の目で確かめようと思い立ち、奉行所に死体の解剖を願い出た。指定された日の朝、前野良沢と中川淳庵を誘って小塚原に出向くと、解剖を請け負う予定の「えたの虎松」が急病になったと知らされた。代理を担当したのは、彼の祖父と名乗る九十歳近い老人で、高齢ながら健康そうに見えた。

解剖された死体は青茶婆《あおちゃばば》という、京都生まれの五十歳を超えた女性だった。代理を務めた老人は、体内のあちこちを指し示し、これが心臓でこれが肝臓といった具合に、玄白らに教えたと書かれている。

このときの解剖のことを、『蘭学事始』では古語の「腑分《ふわけ》」であらわしていた。分けること、つまり死体の臓器を取り出すことがおもな仕事で、その臓器が漢方薬の素材になることもあった。どのみち、この業務は死穢と不可分だった。それでも『解体新書』が成立したことによって、その作業は「解体」とも認識されるようになった。こちらは将来的な医療活動に貢献する、純粋なサポートにほかならない。

今や著名な『蘭学事始』は、玄白が八十三歳のときに、弟子の大槻玄沢に書き送った草稿がもとになっていた。その原稿が最終的に活字化されたのは、明治時代に入ってからのことだった。虎松の祖父も、そのときに晴れて脚光を浴びている。それでも虎松やその祖父に限らず、解剖学が注目されたことをきっかけにして、江戸時代の「えた」の仕事に新しい社会的な役割が与えられていた。

彼らの本業は皮革《ひかく》業で、「かわた（皮多）」と呼ばれた時期もある。「えた」については、鎌倉時代の末期から「穢多」という表記が増えている。江戸中期にまとめられた寺島良安《てらしまりょうあん》（一六五四〜?）編の百科事典『和漢三才図会《わかんさんさいずえ》』（正徳二年、一七一二成立）巻七「人倫類」に「屠児」があり、「えた」の語源として「餌取《えとり》」説を載せている。彼らは「牛馬猫犬ヲ屠《ほふ》リ、皮ヲ剝ギ、業ト為ス」ため「穢」が少なくないので「穢多」と呼ぶとある。ただし屠畜は幕府に禁じられていたため、自然死や事故死の牛馬を皮革素材に利用していた。牛馬の処理と獣皮の加工から革製品の製造販売に至るまで、彼らが取り仕切っていた。

しばしば農業は天候不順や虫害に左右され、時には飢饉に見舞われた。その点「えた」の仕事は、つねに一定の生産性があった。牛馬などの寿命は人間より短く、死ねば埋葬される。そこで墓掘りを請け負いつつ、牛馬を解体して皮革製品を生産する。それは手堅い仕事であり、従事する人たちは経済的に安定していた。寺請制度による人別帳にもとづいて人口動態をたどった研究によると、江戸時代を通じてほぼ順調に職業人口を増加させている地域が多い。

ところでヨーロッパから伝わった解剖学は、人間だけでなく、牛馬をはじめとする動物も対象にしていた。今でいう獣医学が国内に普及する契機となったのが、徳川吉宗による西洋馬の招来だった。享保十年（一七二五）に、オランダから初めて馬五頭が輸入されている。このあと幕府の招きで、オランダ人の馬術師ユルゲン・ケイズル（一六九七〜一七三五）が長崎や江戸を訪れた。オランダ馬の医療の本を持参し、みずから乗り方を指導し、病気になった馬の療馬法を伝授している。

ケイズルはくり返し来日し、彼が伝えた知識はオランダ通詞《つうじ》の今村英生《えいせい》（一六七一～一七三六）にも授けられた。その英生によって『西説伯楽必携《せいせつはくらくひっけい》』（享保十四年、一七二九刊）がまとめられた。日本初の西洋獣医学・馬術・飼育法の翻訳書である。それ以前に、日本初の本格的な翻訳書でもあった。医学史上の画期となった『解体新書』より四十五年も前に、馬体を分析した専門書が翻訳され、刊行されていたことになる。

馬の場合も人間と同じく当初は漢方が主流を占め、しだいに西洋の馬医術の翻訳書も増えている。大槻玄沢は西洋馬の医師を兼ねた蘭学者たちと交流し、自身も『騸馬訳説《せんばやくせつ》』（文化五年、一八〇八刊）という馬医学書を翻訳している。『解体新書』を改訂して『重訂解体新書』（文政九年、一八二六刊）をまとめるよりも先に実現した、彼の業績だった。最新の知識を仕入れた獣医師たちが馬を解剖し、検分する機会が増えると、その際にも本職の「えた」の力添えが欠かせなかったと思われる。

一橋家に仕えていた馬医の菊地《きくち》東水《とうすい》（生没年不詳）は、馬の解剖の重要性を痛感してみずから数回試みた。西洋の馬医書や漢方の書籍にも学び、幕末期に『解馬新書』（嘉永五年、一八五二刊）を書き上げた。本書は日本人の手によってまとめられた、初の馬体解剖書となった。序文によると、長崎のオランダ通詞だった堀好謙訳の『西洋馬術叢説《せいようばじゅつそうせつ》』にあった腸の記述のくわしさに感銘を受けた。そこで在来の「二気五行」説を打破しようと「（重訂）解体新書」などを参考にして著述したとある。「解馬新書」という書名は、もちろん『解体新書』を下敷きにしている。

かつて古代の宮中では、神事を執り行うにあたって神前に「生贄」つまり生きた動物を捧げていた。また、大陸渡来の犠牲儀礼は『延喜式』に反映されていなかった。ひたすら流血の事態を避けていた頃の伝統からすれば、『解体新書』を参考にした『解馬新書』がまとめられるようになったのは、大きな時代の変化だった。

ところが「えた」については、明治時代をむかえると状況が急変し、彼らを取り巻く生活の基盤が揺らいでいる。まず明治四年（一八七一）の三月十九日に、斃牛馬《へいぎゅうば》勝手処置令が太政官《だじょうかん》布告《ふこく》として出された。この布告は、明治政府発刊の法令集『法令全書』（第一四六「従前穢多へ渡ル斃牛馬等獣類自今持主ノ処置ニ任ス」）に収録されている。以後、死んだ牛や馬は持ち主が自由に処分してもよいことになった。それまでは死体を売却したり利用したりする権利が持ち主側になく、無償で「えた」に引き渡されていた。その処理に関わる権利を失った側にとっては、経済的な痛手になった。

同じ明治四年（一八七一）の八月二十八日の太政官布告によって、「えた」は「平民」と同等と規定された（『法令全書』第四四八「穢多非人ノ称ヲ廃シ身分職業共平民同様トス」）。別名、解放令ともいう。「平民同様」の名のもとに、種々の独占的な権利を取り上げられ、さらに困窮したのはじつに皮肉な話だった。

また明治時代になると、牛馬などの解剖の仕事は、全国各地に設立された農学校出身の獣医らに委ねられた。東京では、現在の東京大学農学部などの前身となる駒場農学校が牽引している。ドイツ人のヨハネス・ルードヴィヒ・ヤンソン（一八四九～一九一四）をはじめとするヨーロッパの獣医学教師が招聘され、解剖の技術が授けられた。経済基盤も牛馬を解剖する資格も失い、かつて「えた」と呼ばれた人たちにとっては労苦を強いられる日々となった。

†出産マニュアルの歴史

江戸時代には、出産にあたって「取り上げ婆」「子安婆《こやすばば》」などと呼ばれた経験豊富な婦人たちが立ち合っていた。それとともに、産科を専門とする医師もあらわれた。産科の医師たちの課題は、根拠に乏しい習俗から離れ、妊婦にとって心身に負担の少ない環境づくりに貢献することだった。産褥に対する認識も徐々に改められ、漢方由来の「気血」説にとらわれない新解釈も増えている。産前産後の過ごし方についても、従来の慣例のいくつかは迷信的なものとして疑問視されるに至っている。

元禄期の前後になると、産科を含む総合的な医書がまとめられていった。筑前国《ちくぜんのくに》（福岡県）

出身の香月牛山《かづきぎゅうざん》（一六五六〜一七四〇）は、同藩の先達だった貝原益軒に師事した。のちに豊前《ぶぜんの》国《くに》中津藩（大分県）に仕えてから、京都に移り住んでいる。その著『小児必用養育草《しょうにひつようそだてぐさ》』（正徳四年、一七一四刊）は、中国の漢方の専門書や、出産・育児に関する逸話を載せた典籍などを幅広く紹介している。在来の風習なども加味した上で、牛山の意見も織り交ぜている。産科に関する伝統的な知識を網羅し、日本初の本格的な育児書とも評されている。「血」との関連では、授乳の方法や乳母《うば》の意義について書かれた箇所に特徴的な意見が出ている。

本書以降にまとめられた出産・育児関連の本でも、乳母に関する議論は頻繁に出てくる。江戸時代の離乳期は今日より遅く設定され、将軍家や大名家などに限らず商家でも乳母を雇うケースが多かった。そうなると、乳母の善し悪しの見分け方は必須の知識だった。なお乳母も産後の女性であり、他人の子の授乳も請け負っていた。当時はつぎつぎに子を産む女性もいて、人材を確保するのはさほど困難ではなかった（梶谷真司「母乳の自然主義とその歴史的変遷——附岡了允『小児戒草』の解説と翻刻」帝京大学外国語学部編『帝京大学外国語外国文化』第二号、二〇一〇年）。

牛山の『小児必用養育草』巻一の第一条「小児養育《ちご》の総論」には、子どもに対する父母の「恩愛」が語られている。第二条の「誕生の説」では、出産時に胎児とともに「穢毒《えどく》」つまり「胎内のけがれたる悪汁」に注意をうながしている。誤って胎児の口に入ると、後々万病のもとになるので、指に柔らかい絹を巻いて口の中を拭き取るよう指導している。これは明代の薛《せつ》鎧《がい》による小児医学書『保嬰撮要《ほえいさつよう》』に書いてあるという。今でいう悪露《おろ》以上に嫌悪感が漂う「穢毒」が用いられているが、対処すべき具体策も示されている。少なくとも、忌み嫌って遠ざける話ではなかった。

第八条の「生まれ子に乳を飲ましむるの説」では、母が子に母乳を与えるのは自然なことだという。だから母の母乳が出るのを待って、飲ませることを勧めている。仮に社会的な地位が高く、経済的に豊かな家柄であっても、母親の体が健康で母乳も十分に出るなら乳母に任せないほうがよいとある。

このあとの箇所では、乳母による授乳よりも母乳を推奨する理由として、伝統的な俗信ともいえる解釈を紹介している。すなわち母親が自分で授乳すれば、つぎの子どもができるまでに三年から四年ほど間が空くから、健康体でいることができる。しかし乳母に任せて授乳を中止した母親は「血脈さか（盛）んにして」ほぼ毎年のように妊娠する。だから体に負担がかかり、結果的に命を落としてしまう者も多い。しかも生まれてくる子は虚弱体質で、病気がちになるという。

これは授乳すると受胎の調整機能がはたらくという、昔ながらの考えにもとづいている。授乳している間は「血」が「乳」と化して体外に出るため、月経がなく妊娠もしない。しかし授乳を中止すると「血」が下半身に降りて月経が始まり、妊娠できるようになるという解釈だった。生命エネルギーの「血」が体外に出るときには、さまざまな形をとるという考えの一端でもあった。

第九条の「乳母を撰ぶの説」では、良い乳母の選び方や、乳母の乳を飲ませることの良し悪しなどを論じている。時には、乳母の人間性の次元にまで立ち入った内容になっている。牛山によると、乳母として奉公する女性の多くはあまり良くない家柄の出身なので、妬みや奢りの気持ちがあって怒りっぽい。そういう女性にわが子を預けるにもかかわらず、両親としてはお世話になる相手であるため、たいていの我儘に目をつぶる。結果的に、その家の家風やしきたりを破ることになりかねないという。

乳母が心身ともに健康でない場合の害悪については、第十条「乳母の病によりて児子病を生ずるの説」に出ている。病気を抱える乳母の乳汁が、乳幼児の健康に及ぼす害について具体的に記されている。暴飲暴食などが母乳の成分を左右し、子どもの人間性にまで影響を及ぼすとも考えられていた。

出産の前後に用いる道具類についても古い慣習があり、やがて疑問視された。そのひとつが産椅《さんき》という椅子だった。出産した産婦が寄りかかることができるよう、背もたれが高くしつらえられていた。頭痛やのぼせ、めまいなどの症状をいう血逆上《ちのぼ》せを防ぎ、あるいは悪露が出やすくなるといった理由から、産婦を座らせて横に寝かせないようにしていた。

椅子といっても、形状は時期や地域によって多種多様だった。井原西鶴の『本朝二十不孝』(貞享三年、一六八六刊)にも、産椅のことが出ている(巻一・第一話「今の都も世は借物」)。当時のレンタルショップといえる損料屋《そんりようや》の話で、「産屋の倚懸台《よりかかりだい》、大枕迄揃《おおまくらまでそろ》へ、七夜の内を七分《ふん》」とある。これによると寄りかかる台のようなもので、クッション代わりの大きな枕とセットになっている。このレンタル料を支払って借り、出産後の七夜だけ使用する。その程度の期間なので、借りもので済ませられるのだった。

『本朝二十不孝』刊行の翌年にあたる貞享四年(一六八七)、京都の奥田松柏軒《おくだしようはくけん》が『女用訓蒙図彙《じようきんもうずい》』を出した。これは女性が使用する道具類を集めた、図入りの百科事典である。その巻一にある「産所」の条には、座椅子のような形をした「倚子《いす》」がある。背もたれが高く、座面の周囲には低い囲いが取り付けられている。後年に書かれた産書にある挿絵では、今の椅子と同じように四脚ある産椅も描かれている。

この産椅に関する最大の問題点は、出産直後から七日ないし十日も、ひたすら座り続けなければならないことだった。七日という目安は、生後七日目のことをいうお七夜に合わせての考えでもあった。その間、産婦は横臥ばかりか眠ることも許されない。夜伽《よとぎ》担当の女性たちは、交替で語りかけながら昼夜を問わず見守った。産婦にかかる心身への負担は並大抵でなく、産椅の風習について考え直すようにうながした産書もあらわれた。

香月牛山が『小児必用養育草』に先立って書いた『婦人寿草《ふじんことぶきぐさ》』（宝永三年、一七〇六刊）巻下六の第三十二条「産後調護の説」に、産椅のことが出ている。ここでは南宋時代の『婦人良方《ふじんりょうほう》』（陳自明《ちんじめい》編、薛己《せつき》注）にある「椅褥《いじょく》」の名で紹介され、「褥」の字には産褥のことが意識されている。

牛山は後段で改めて産椅を論じ、座るのは「産後一両日」で良いと述べている。日本の習俗で、昔から十日は椅子の中にいなければならず、十一日目に畳の上に伏すのを許された。これは非常に悪い。産んでから二、三日を過ぎて「血暈血逆《けつうんけつぎゃく》の病」もなく、食が進んで「血下《くだ》る」のも徐々に色が薄くなっているなら、産椅を取り去っても問題ない。そのあと腰湯につかり、藁などを敷いて、傾斜をつけた畳の上に横になってよいとある。産椅の使用は出産直後だけで構わないと中国の医書にも書いてあるのに、日本では裕福な家庭で産婦を心配するあまり、余計に何日も座らせてしまうと苦言を呈している。

『小児必用養育草』の刊行から半世紀ほど経過して、賀川玄悦《かがわげんえつ》（一七〇〇～七七）の『産論』（明和二年、一七六五刊）が出された。玄悦は彦根藩（滋賀県）の藩士の家に生まれ、母の実家を継いで医業を学んでから京都に出た。難産のときに鉄鉤《てつかぎ》を用いる手術療法の鉗子《かんし》分娩をはじめとして、手術ともいえる助産術をいくつも創案し、賀川流産科の祖となった。集大成の『産論』は、日本の近代的な産科の出発点とみなされている。胎児が「背面シテ倒首ス」つまり正常位置が倒立であることを日本で初めて示したのも、本書だった。

新技術の導入を説く一方で、玄悦は悪習の廃止を唱えた。巻四の「産椅論」で産椅の習慣を批判し、続く「鎮帯論」では腹帯《はらおび》の弊害を訴えている。腹帯とは妊娠中に腹部に巻くさらし木綿の布のことで、岩田帯とも称した。お産が軽い犬にあやかり、妊娠五か月頃の戌《いぬ》の日を選んで巻くと、安産できるともいわれた。その日は帯祝いと称して、神社に出向いて安産を祈願した。腹帯の巻き方については、玄悦の『産論』が出た頃から議論が活発になっている。鳩尾《みぞおち》をきつく締め付けないよう、腹帯を緩やかに巻いて腹部全体をカバーする、現代式の巻き方に行き着いている。

産前産後の措置として、どのような流儀が正しく何が間違っているのかは、地域特性や個々人の体質・体調などにも左右される。だから一概には言えないことも多い。それでもこの頃になると、ひとつのテーマをめぐって、書籍を通じて議論が積み上げられる機会も増えてきた。旧来の「気血」説とは別に、事例を検証して是非を論じる、ある種の風通しのよさが出てきたともいえる。議論が進むにともなって、母体の安全性を確保することが最優先されるようになり、産褥を忌避する意識の優先順位はしだいに下がっている。

時代ごとの平均寿命の研究によると、江戸時代の段階では男性よりも女性のほうが短かった。出産にともなう死亡率の高さが災いしていたのである。しかし幕末に向かうにつれて徐々に改善され、その事実については各地に残された戸籍が物語っている。その背後には、産科の医療体制の拡充が指摘されている（鬼頭宏『人口から読む日本の歴史』二〇〇〇年）。出版文化の発達にともなって、新しい知識や考え方が世の中に共有されていった結果でもあった。

†家庭医学百科

江戸の両国で生まれた平野重誠《ひらのじゆうせい》（一七九〇〜一八六七）は医師の家系で育ち、幕府が神田佐久間町に建てた漢方医学校の医学館に学んだ。当時はどこかの大名家の侍医に収まるのが出世の王道だったが、重誠はあえて町医者の道を選んだ。江戸の日本橋で開業し、地元の医療活動に尽力している。

その経験を踏まえて書かれたのが『病家須知《びようかすち》』で、天保三年（一八三二）から刊行され始め、三年後の天保六年に完結している。全八巻の大作で、江戸時代を代表する家庭医学百科になった。書名は「病家（病人のいる家）」であれば「須知（すべからく知るべし）」つまり知っておくべきだという意味である。巻四までが前編、巻五と六が後編で、巻七と八は出産について集中的に論じた「とりあげばば（坐婆）心得草」（上・下）となっている。

全体的に解説が詳細で、対処法や治療法の挿絵も多い。文章は平易な和文で書かれ、漢字には俗語の振り仮名を多用し、難解な術語に補足的な意味合いを上乗せしている。文脈によって、同じ術語に異なる振り仮名が添えられたケースも多々ある。医学理論や医療行為に対する、重誠の柔軟な考え方が読み取れる。振り仮名については、ここでは必要最低限のみ再現するものとする。

巻一では「摂生《いようじやう》（養生）の意得《こころえ》を説《とく》」と題し、養生について言及している。人は健康こそ第一であり、どれほど財産があっても不健康なら意味がない。その健康維持のためには飲食が重要で、食べ過ぎれば胃腸に負担がかかって「気血《ち》の運行《めぐり》」が悪くなり、しだいに体調を崩して大病のもとになるという。「気血」の二字に対して「ち」の一字がほどこされ、漢方的な「気血」をいくらか想定しながらも、血液のことに引き寄せている。このあとに睡眠や呼吸法、姿勢などに触れている。

同じく巻一の「看病人の意得をと（説）く」の条には、「気」に関する議論がある。人間は「天地の気を呼吸《すふ》て」生きており、魚が水中で暮らしているのに等しい。「吸気《ひくいき》」は自然に体を養う「生気《よきき》」を含んでいる。それを体内に取り入れ、かわりに「呼気《はくいき》」によって汚れを吐き出す。その「気息《いき》」の作用によって、人は生活している。動いて音がするものを「風」といい、静かで「声」がないものを「気」というのは、水と波の違いのようなものである。だから万物のうち、「気の栄養《やしなひ》」に依存していないものはないと重誠は述べている。こういった語り口の「気」については、今でいう空気に近いもののように受け取れる。

このあとに改めて「気血」が語られ、そこでの「気」も空気の意に近い。「呼気《はくき》」は汚れを吐き出すことであり、健康な人が吐き出す息だからといって、それを吸うのは好ましくない。まして病人なら「気血《ち》の運輪《めぐり》」が正常でなく、体内に悪いものが溜まっているから息が臭くなる。よって患者の部屋には悪い呼気が充満し、病気を悪化させてしまう。そこで部屋を移したり、それが無理なら寝床の位置を変えたり、部屋の換気を心がけるのが大切だとある。室内に行灯《あんどん》や火鉢をいくつも並べることも、問題視している。

『病家須知』の巻三は妊娠と出産、授乳と乳母の兼ね合い、新生児の病気や健康管理などを論じている。第二条の「産母自児《こうみたるははみずからこ》を乳養《ちにてやしなふ》べき理《わけ》をとく」の冒頭で、授乳は母乳が原則だと述べている。

胎児《たいのこ》は母の血《ち》肉《にく》を分《わかち》、乳汁《ち》は同体の血より醸成《かもしなす》ものにして、その児に賦与《あたふ》べきに定《さだまり》たるものなり。

胎児は母親の「血肉」を分け与えられている。母乳は自分と「同体」の母の「血」から生成されたものである。だから、その子に与えられるべきだという。続く一節でも、子どもが無病で健康に育つことを願うなら、母親の母乳で養うに越したことはないと述べられている。この議論も乳母の存在が念頭に置かれ、乳母の社会的な役割を勘案した上で、重誠の思い描く理想を掲げている。

まず重誠は、世間の俗説を批判する。子どもに授乳すると妊娠が遅くなるというけれども、それは大いなる「虚言」である。なぜなら自分の母乳で育てているのに、毎年ないし一年おきに子どもを産んでいて、なおかつ母子ともに元気な人もいるからだという。かつて『小児必用養育草』に指摘されていたような旧説に反する実例が多数存在することを示し、真っ向から否定している。

乳母について論じた第三条の「乳によりて児の気質《きしつ》を転《てん》する理《り》をとく」では、単独の「気」以上に「気質」が多用されている。冒頭の箇所によると、乳母に病気があれば、その乳を飲んだ子にも感染する。そのほかの心の迷いや、憂慮なども子どもに伝わって「気を冒《かうむり》病《わづらふ》なり」と指摘している。このあと「児は必ずその乳養《ちをのま》する婦人の気質《きしつ》に似る」とあり、乳母を選ぶ際の注意をうながしている。後の一条「乳媼《うば》を択《えらぶ》こころえをとく」では、容姿や性格などの条件を細かく規定している。

伝統的な医学書では、親から子に受け渡される「気」や「血」が説かれていた。その「気」とは、万人に共通する生命エネルギーといった抽象概念だった。それにくらべると、『病家須知』の「気質」は個人的、人格的に理解されている。ひと癖あることをいう現代語の「気質」

も、この延長線上にある。重誠もまた、漠然とした抽象理論を掲げるよりも、患者や産婦ごとの個別性や個性を伝えたかったのだろう。その結果、十把《じっぱ》一絡《ひとから》げの「気」よりも個々の「気質」の伝承として記述したように思われる。

巻四では、妊娠中の心得や出産後の体のケアなどについて論じている。「臨産《さんにかかるとき》の心得をとく」の条では、かねてから賛否が分かれていた産椅に触れている。世間では使用されているが、奨励はしないとした上で、重誠は欠点に言及する。産後は「血《ち》液の運行《めぐり》」が悪くなりやすく、後日病気になる可能性もある。総じて産椅にいる間は、お腹が「寛裕《ゆるやか》」ではないため「残血《ち》の洩路《もるるみち》」を妨げることが多いなどと指摘している。

しばらくあとのところで、産椅のかわりになる寝床の具体的なしつらえ方を提案している。産後に体をリラックスさせるための居場所として、紹介されている。布団を組み合わせて傾斜がつくように積み重ね、それに体を預けておく。そうすれば日を追って病気や体の調子がよくなり、十中八九は産後の病気にならないという。産後の寝床の設置の仕方や、貧血による眩暈《めまい》を緩和する方法や止血の薬などについても解説されている。

重誠は産婦用の部屋の条件についても言及し、冬場は温かくするために火鉢などを置くことを勧めている。ただし火鉢を多くして人数も多いと熱気がこもるので、「鬱塞《こもり》たる気を排洩《もらす》べし」すなわち換気を心がけるよう説いている。逆に、暑い時期には障子も窓も開けておき、風通しを良くするようにうながしている。部屋が蒸し暑くなると、産婦が汗疹《あせも》になりやすく、疲労がもとで病気になりやすいともいう。こういった「気」に関する記述は巻一の説明にもあり、やはり今でいう空気に近い。

ひたすら母体をリラックスさせることが優先され、産婦を昼夜七日も眠らせないことなど、どこにも提案されていない。血の穢れに対する嫌悪感から、理不尽な仕打ちを受けていた産婦にとっては朗報で、考えの古い姑を説得するのにも心強い味方になったと思われる。このように認識が変化してきたのは、生命力を伝える「血」の台頭を抜きにしては考えにくい。これもまた、女性不浄観の緩和につながる動きだった。

『病家須知』は家庭の医学の本なので、家族のサポートや常備薬などによって実践可能な対処法や治療法などが紹介されている。産前産後について解説された項目に補われた挿絵では、夫が妻の手助けをしている姿がいくつも描かれている。他方かつての『小児必用養育草』に見られたような、漢方の書籍からの引用が少ない。下半身の「血」のダメージを上半身の「気」の増加で補うといった旧来の「気血」説も、偏重されていない。

幕末近くになっても、予防医学的な部分では引き続き漢方が主流だった。貝原益軒の『養生訓』は、江戸時代を通じてベストセラーであり続けた。それでも産科のように、何らかの具体的な処置を要する領域では、実用性や速効性が最優先される時代をむかえていた。

†ハンセン病への誤解

近松に続く脚本家らによって書き下ろされた源平の物語には、江戸時代型の「血筋」の穢れも描かれていた。対する同時期の実社会では、実在する特定の人たちに「血脈」の穢れという風評被害が及ぶ事態が発生していた。医学知識の不足や根拠のない迷信などにより、遺伝性の病気が子々孫々に伝わって特定の「血脈」に「遺毒」や「穢毒」をもたらすと誤解され、社会的なイメージが損なわれていた。その典型が、かつて「らい（癩）病」と称されたハンセン病患者の家族だった。

中世社会史の研究によれば、ハンセン病は当初から遺伝病とみなされていたわけではなかった。おもに仏罰や神罰などによって、個人にもたらされる災いと考えられていたのである。鎌倉時代から戦国時代にかけて成立した誓約の起請文《きしようもん》にも、個人的な罰と認識されていたことがうかがえる。約束を反故にすれば、神罰によって「白癩・黒癩」になると書かれたものがある（黒田日出男『境界の中世　象徴の中世』一九八六年）。

戦国時代から安土桃山時代にかけての時期を代表する医師として、京都の曲直瀬道三《まなせどうさん》（一五〇七〜九四）がいる。その著『啓迪集《けいてきしゆう》』（元亀二年、一五七一刊）などから多くの患者が想定され、道三は他の疾病と同じく治療に取り組んでいた。手習いの教科書に使われていた『庭訓往来《ていきんおうらい》』

（慶長十一年、一六〇六刊ほか）にも、種々の病気とともに「癩病」の名がある。ほかの病気と区別されるべき、特異な病気として扱われていたわけではなかった。

　江戸時代になると、社会的な安定にともなって都市部を中心に患者数が大きく減少した。一方では、梅毒の患者が急増している。世界史上、大航海時代とも称される十六世紀以降、新興感染症の梅毒が地球規模で猛威を振るい、中国から日本にも伝わっていた。梅毒は妊婦から胎児に伝わるリスクが高く、中国でも胎内感染によって親から子に伝わる「遺毒」とみなされた。そこから梅毒とハンセン病の混同が生じ、どちらも性感染症と認識されるようになった。日本でもハンセン病の「遺毒」が、子や孫に伝わると誤解されていった（鈴木則子「江戸時代の「癩」と梅毒」『日本医史学雑誌』五一―二、二〇〇五年）。

　時には政治レベルで、穢れ意識を助長する動きも見られた。五代将軍の徳川綱吉は、貞享元年（一六八四）二月に自身初の服忌令《ぶつきりよう》を出し、親族間の「忌み」や「穢れ」について具体化した。親族の誰かが死んだとき、血族や姻族など死者との関係に応じて、喪に服す日数や期間が定められた。「産穢」や「死穢」などについても、末尾に規定されている（『徳川実紀《とくがわじつき》』「常憲院《じようけんいん》殿御《どのご》実紀《じつき》」巻九）。潔癖症ともいえる綱吉が時代の流れに逆行した法令を施行し、穢れに対する意識が掘り起こされていた。ハンセン病に特化して規定されたわけではないが、患者にとっては良からぬ前触れになった。

綱吉の治世下で現出した元禄文化の時代は、ハンセン病の遺伝という誤解が広まった時期でもあった。この見解の初出とされているのは、近松門左衛門の弟だった岡本一抱の『病因指南《びょういんしなん》』（元禄八年、一六九五刊）である。江戸時代の初期から日本に伝わり、何度も版を重ねていた明代の龔延賢《きょうえんけん》の医書『万病回春《まんびょうかいしゅん》』（一五八七刊）にもとづいて書かれていた。最終巻となる巻七の末尾近くに「癘（癩）風」の条があり、解説の終盤に一抱の意見として『万病回春』にはない「多（ク）ハ子孫ニ伝（ハ）ル」を載せている。

ハンセン病の患者にとって、さらなるマイナスイメージになったのが「天刑病《てんけいびょう》」のレッテル貼りだった。天から与えられた刑罰に等しい不治の病という意味で、用語は中国医学にあった。日本では、苗村丈伯《なむらじょうはく》（一六七四〜一七四八）の『俗解龔方集《ぞつかいきょうほうしゅう》』（元禄六年、一六九三序）巻八に「癩風ハ天刑ノ疾」と書かれているのが早期の例になっている。本書は『病因指南』と同じく『万病回春』に依拠して書かれ、ハンセン病を「天刑ノ疾」と位置付けた。ただし欲望を断って飲食を質素にすれば、十例のうち一、二例は治るとも述べている。

それでもハンセン病を「血筋」や「血脈」の「穢れ」と表現した例は、元禄期の文献には一般的でなかった。一抱の兄の近松が親兄弟の「血」の絆を描き始めてから日が浅く、まだ穢れ意識と関連付けられていなかった。浄瑠璃の台本で「穢れた脈《チスチ》」が語られた紀海音の『末広十二段』が初演されたのは、正徳五年（一七一五）のことだった。

徳川吉宗の時代よりもあとに書かれた香月牛山の『国字《こくじ》医《い》叢《そう》』（元文二年、一七三七刊）にも、ハンセン病の「天刑」説が出ている。巻五に収められた「病伝染アルノ説」で、牛山は「伝染」する病気を三つに分類した。第一は誰にでも感染する流行病で、第二は「血脈ノ人ニ伝注」するとともに「傍人」つまり他人にも「伝染」する病と規定した。一般的な感染のことをいう「伝染」に対して、牛山は血縁者間の感染に「伝注」を用いていた。よって「血脈ノ人」とは、血縁の人になる。

第二の分類に属する病気には「労咳《ろうがい》（肺結核）」があり、「兄弟族類」で同じ「血脈」の人が「同気相求」めて「伝注」しやすいとある。「同気」の人が求め合うのは、親から子に「気」が継承されるという考え方にもとづいている。その伝統的な「気」とともに、血筋の「血脈」が併記されている。当時の読者にとっては、もはや「気」よりも「血脈」のほうが身近に感じられていたかもしれない。

そして牛山が第三に分類したのが「癘（癩）毒」で、例外的な「不治の悪疾」だった。かつて唐代の孫思《そんし》邈《ばく》は「天刑病」と称して天罰に等しい病とみなしたという。その著『千金方《せんきんほう》』（六五〇年頃に成立）には「癩」患者の人間性を批判した言葉があり、『国字医叢』もそれを下敷きにしていた。牛山によれば、一般的には「血脈ノ人」でなければ伝染せず、患者は世間との交流がむずかしい。そのため今も昔も人びとは結婚に際して「家ヲ撰ビ」、患者のいる血縁者との婚姻を忌避してきたという。それを「血脈」とつなげて説けば、江戸時代的な「血筋」の穢れ意識につながった。

しかし遺伝性の病気であっても、最初の人が発症する理由については、遺伝以外の要因が想定されなければならない。ハンセン病に関しては、中国医学では不潔で不健康な日常生活と関連づけられていた。牛山の『国字医叢』では、漁村や山村に住む貧しい人びとが獣肉を食べたり、入浴しなかったりの生活による「内外の穢濁」も指摘されている。そこを改善すれば、治療につながるという見通しも述べている。他方、現実的にはそういう不潔さが身近にある人に多い「卑賤の病」であり、「貴族高家」には生じないともいう。こうしてハンセン病の「血脈」が、家格の差とも結び付けられていった。

医療の分野で新たに意識された「血筋」の穢れは、リアルな血腥さがともなわない。その反面、従来型の「血」の穢れよりも深刻化しやすかった。『延喜式』でも、死去や流血の事態に対しては一定の方法で謹慎したり距離を置いたりして、拭い去ることができた。穢れに接しても、遅かれ早かれ消えてしまっていた。ところが「血筋」の穢れは親から子へ引き継がれ、孫子の代まで消えないとみなされる根深さがあった。

一方では「天刑」説を否定し、治療を試みる医師もあらわれた。杉田玄白との往復書簡で名高い建部清庵も、そのひとりだった。自身が口授し、弟子の建部《たけべ》由道《よしみち》が編集した『癘風秘《らいふうひ》録《ろく》』

（天明二年、一七八二序）は、まさに「癘風」に特化されていた。『解体新書』と『和蘭医事問答』の間の時期にまとめられ、病因として「癘風」自体のほかに「食毒」や「寒邪（風邪）」を指摘している。

第二の「食毒」については、建部由道が序文で指摘している。昨今、人びとがさまざまな「異食」をする機会が昔にくらべて倍増した。そのため「食毒」から発病する人も多いのではないかと記し、昔よりも食生活が豊かになったことによる「食毒」と見ている。貧困な食生活どころか、むしろ贅沢病とする解釈であり、田沼政治のもとで現出していた飽食の時代ともいえる社会実情と関連付けている。

本編の上巻で、清庵は香月牛山の『国字医叢』にも出ていた唐の孫思邈《そんしばく》の言葉を紹介している。ハンセン病患者を四百人診断した思邈は、貧困な婦人をひとりだけ治し、残る三百九十九人は治療できなかった。それは「天刑病」だから、やむを得ないと思邈は語ったという。それを清庵は言い逃れとみなし、笑止なことだと批判する。続けて思邈の「天刑病」説を支持した牛山の『国字医叢』の文章を長々と紹介し、逐一否定している。「癩病血脈」という遺伝病的な解釈を「不通ノ説」とみなして排除している。

このあと清庵は自身の臨床経験にもとづき、この病気にかかる「血脈ノ人」は、むしろ少ないと述べている。梅毒は「子孫」に伝わる「遺毒」となるが、「癩病」は発熱性の「火毒」の病気だから、そうならない。血縁の者が病気にかかったように見える場合があっても、たまま「寒邪」や「食毒」などの外的な要因がもとになって発症した事例である。だから、「悪業」による「天刑」ではないことを知るべきだという。こうして清庵は、病因を「寒邪」や「食毒」にも広げて多様化し、ハンセン病の「血脈」説を否定した。

平野重誠の『病家須知』は、日常的な病気や怪我に対する治療や予防策をおもに講じ、ハンセン病への言及は少ない。発症した男の話が巻二にあり、彼は人目を避けて人里離れた山奥に移り住んだ。その奥地で木の実や草の葉などをあるがままに採集して食べ、のどが乾いたら谷間に降りて水を飲むといった食生活を一年ほど送っていた。すると患部がしだいに平癒し、健康を取り戻したという。ハンセン病の治療法よりも、粗食を勧めた記述にある一節だが、建部清庵の『癘風秘録』に指摘されていた飽食説と一脈通じる部分がある。

結局のところ、ハンセン病を「血脈」の穢れとみなす受け止め方は、江戸時代の社会常識になるほど広まらなかった。それは治療に取り組んだ医師たちの努力が報われ、書物を通じて発した声が世間に届いたからなのだろう。梅毒との区別もうながされるようになり、不治の「天刑病」という解釈は支配的にならなかったように思われる。むしろ負の宣伝効果は、明治時代のほうが高かった。

国際的に見れば、日本が明治六年だったときの一八七三年にノルウェーのハンセン医師からい菌を発見し、この病気はのちにハンセン病と呼ばれるようになった。らい菌を含む鼻汁が保菌者から飛沫となって排出されるが、万一感染しても発病せずに一生を終えることがほとんどで、遺伝病ではない。しかし生活水準や生活環境といった社会経済因子の面で、免疫力に乏しい人が感染しやすいという解釈が現在の主流になっている。ところがらい菌が発見された頃から、日本では社会的な影響力のある人たちによる議論が高まり、遺伝性の病気とする見方が改めて強まっている(第五章・第三節)。

その末に政府は、明治四十年(一九〇七)に「法律第十一号」を制定した。患者や家族らを「消毒」することのほか、患者を「療養所」に入れることなどの各種「救護」について定めている(第一~第三条)。各自治体に「療養所」を設置すべきことを要請し(第四条)、諸費用の負担に関する自治体や国の支援について規定している(第五~八条)。医師による患者の検診や再検査に関する具体的な段取り(第九条)について触れたあと、違反者への罰則を最後に示している(第十~十二条)。

法令自体は、社会全体で対応すべきことを定めて患者の救済をめざしていた。しかし患者の退院については規定されず、実質上、生涯にわたって「療養所」に隔離されるとみなされた。いったん隔離されたら、生きて出られないという風聞が広まり、恐怖感は増幅された。遺伝性の病気ととらえる解釈とも相まって、誤解が解かれるまでには時間を要した。ハンセン病に関する社会的な受け止め方は、血筋の「血」から派生したもろもろの認識のうち、もっともネガティブな部類に入る誤解だった。

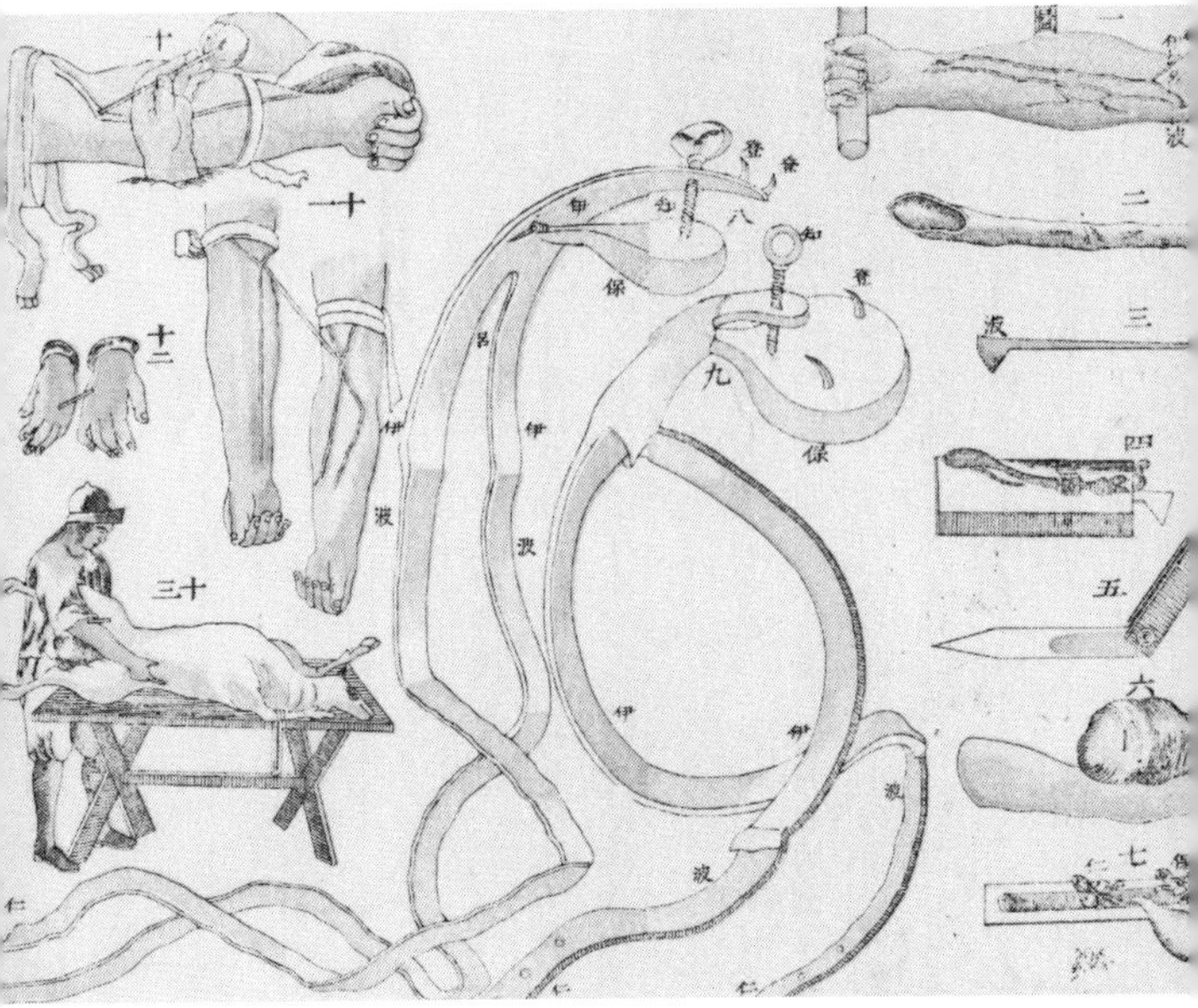

第五章

近代

翻訳された蘭方の医学書にある輸血の道具と手順（京都大学附属図書館所蔵『瘍科精選図解』）

1　成句と造語

†国語辞典と英和辞典

血筋の「血」が形成された江戸時代をへて、明治時代には明治時代なりの「血」の思想が育っていた。当時の辞書に記載されたことわざや慣用表現に、その一端があらわれている。成句には特定の学者の意見だけでなく、その時代を生きた不特定多数の人たちの「血」認識が反映されている。

『旧唐書』に由来する「血で血を洗う」は、日本に伝わって江戸時代をむかえると意味が変化し始めた。井原西鶴の『本朝桜陰比事』にある用例では、血筋の「血」の意も掛け合わされていた。元禄以降になると、もっぱら血族同士の争いの意として用いられるようになっている。さらには倫理道徳の立場から、反面教師として論じる学者もあらわれた。

儒者で心学者でもあった小町玉川《おまちぎよくせん》（一七七五〜一八三八）の『自修編』（文政十二年、一八二九刊）も、この成句を取り上げた（「兄弟」の条）。玉川によれば、血を洗い落とすのなら水かお湯で洗えばよい。血を使ったら血の色が濃くなり、洗う意味はない。むしろ真意は、親兄弟の過ちを他人に話すべきではない点にある。それを話すのは「同骨同肉の恩」を理解していない。悪評が広まるだけだから、黙っておくのがよいと玉川はいう。

いわば血縁関係の悪い見本として示され、道徳的に解説されている。その説教臭さにくらべると、現代語の「血で血を洗う」には争いの是非を問う意識は薄い。どちらかというと、すでに内紛が知れ渡ってしまったことを前提にしている。その上で高みの見物を決め込むような、やや突き放した視点のようでもある。そのクールさについては、江戸時代の儒者による受け止め方と温度差がある。

明治時代の段階では、まだ江戸時代流の解釈が色濃い。ことわざ辞典の『俚諺《りげん》辞典』(熊代彦太郎編、明治三十九年、一九〇六刊)には「親類血族中、互《たがい》に争ふことをいふ」とある。それに続けて「互につまらぬ内輪の争を公にするは、血にて血のつきし物を洗ふごとく、汚辱《おじょく》いよいよ甚《はなは》だしとの義なり」と書き足している。解釈は玉川の『自修編』と変わらず、教訓色が抜けていったのは、さらにあとの時代だった。

ところで『自修編』は、身内の問題を口外することについて「同骨同肉の恩」を理解していないと評していた。この「同骨同肉の恩」を略せば、「骨肉の恩」になる。他方、現在では「骨肉」と聞けば「骨肉の争い」や「骨肉相食《あいは》(喰)む」あたりが思い起こされる。血族同士の争いという意味で、これらは「血で血を洗う」にかなり近い。「骨肉」と「血」という新旧の二語からなる別の成句が、似たような意味を獲得したことになる。

江戸時代の辞書にある「骨肉」は、親兄弟の絆をあらわす身体語彙の優等生のポジションにあった。徳川吉宗の時代に、国学者の槙島昭武《まきしまてるたけ》がまとめた国語辞典『書言字考節用集《しょげんじこうせつようしゅう》』（享保二年、一七一七刊）巻四に「骨肉」が収録されている。成句には「骨肉ノ親《しん》」があるのみで、用例も『呂氏春秋』『礼記』といった漢籍から引用されている。まだまだ「骨肉」の絆に主軸があり、「争い」に傾く兆候は見られない。

この傾向は明治時代になっても変化しなかった。大正時代に出版された上田万年《かずとし》・松井簡治《かんじ》共著『大日本国語辞典』（大正五年、一九一六刊）の「骨肉」でも、解説は大差ない。収録された成句「骨肉の親」にも『書言字考節用集』と同じ用例が使われ、やはり「骨肉の争い」は出ていない。「骨肉」のイメージが格下げされ、肉親同士のバトルに転じたのは昭和時代、とくに戦後のことだった。

それでも長い目で見れば、「骨肉」が「骨肉の争い」の形でしか生き残れなかったのは、時間の問題だったのかもしれない。絆を伝える「骨肉」は新興の「血」に取って代わられ、しだいに居場所を失っていったからである。最終的に「争い」や「相食む」に特化され、江戸時代に語義変化を遂げた「血で血を洗う」と似た意味合いに行き着いた。言葉の世界にも、弱肉強食の原理がはたらくことがあったようである。

「争う」ではなく「争えない」の形にした「血」の成句に「血は争えない」がある。子どもが父母から気質や性分を受け継いでいることは、否定しようがないといった意味で使われる。こちらはすでに、江戸時代から用例があった。「見れば見るほど瓜を二つ。親子の血脈は争はれず」（紀海音『鎌倉三代記』正徳六年、一七一六初演）などと出てくる。やはり「骨肉」と違って、新興の「血」のほうが従来の倫理観に縛られることなく、自在に活用されている。受け継がれた特質によって、意味が良くも悪くもなる点は、今と変わらない。

ただし「血は争えない」は、江戸時代のうちは新顔の文章表現の部類に属していた。定型化したことわざとは認識されず、社会的に認知されたのは明治時代からだった。相次いで刊行された英和辞典で、成句「Blood will tell.」の訳語にあてられ、対応する日本側のことわざとして認識された。たまたま国内に「血は争えない」があり、英語を介して日本のことわざに格上げされたようである。

「Blood」からはじまる別のことわざに「Blood is thicker than water.」もある。こちらは「血は水よりも濃い」と直訳で一本化されるまでに、時間がかかった。明治以降にまとめられた英和辞典を参照していくと、訳語や解説に多様性があり、かなりの試行錯誤があったことがうかがえる。

イーストレーキ著『英和故事熟語辞林』（明治二十七年、一八九四刊）には「親《しん》は無きより」と書かれている。「無きより」は一般的に「泣き寄り」と書かれた。不幸があると、肉親や親類は心からの哀悼と同情の気持で集まって来るが、他人は会食の料理が目当てで集まって来ることをいう。身内は不幸の境遇のときこそ助け合うものだが、他人はうわべしかないことを揶揄した成句でもあった。

　星野久成編『英和熟語集』(明治三十一年、一八九八刊)には「親族の関係は人をしてその親族と親密ならしむ、他人の親切より親族の親切に委任するを優れりとす」とある。血縁の絆が書かれているが、そうあるべきという教訓性は薄い。どちらかといえば、よくある人情といった視点に立っている。また、英語教授研究会編『英和双解熟語辞典』(明治三十九年、一九〇六刊)には「信頼すべきは他人よりも親戚にあり」とある。新渡戸《にとべ》稲造《いなぞう》(一八六二〜一九三三)らが、明治末期に刊行した『英和俗語熟語故事大辞典』(明治四十四年、一九一一刊)という大辞典もある。「親は泣きより」を示した上で、「己れの同族は何《いず》れにしても赤の他人よりもよし」と書いてある。

　年号が明治から大正に変わる頃には、新たな翻訳が試みられるようになった。井上十吉著『井上英和大辞典』(大正八年、一九一九刊)に「血縁の者は他人よりも情厚し」とあって、やや現代の訳語に近づいている。昭和時代に刊行された岡倉由三郎編『新英和中辞典』(昭和四年、一九二九序)には、ほぼ完成形といえる「血は水よりも濃し」が出てくる。こうしてやっと

「thick」が「濃い」と直訳された。遠縁の人を「血」が「薄い」と形容する例は江戸時代に成立していたが、逆方向の「濃い」はなかなか発想されにくかったのだろう。

†大槻文彦の言海

大槻玄沢の孫だった大槻文彦《おおつきふみひこ》（一八四七〜一九二八）は、明治時代に国語辞典の『言海《げんかい》』（明治二十四年、一八九一刊）を書き上げた。この辞書は、近代的国語辞典の先駆とみなされている。多くの紆余曲折をへた末に誕生した労作でもあった。

大槻文彦は漢学や蘭学を修めてから国語学研究の道に進んだ。勤めていた文部省の命により、明治八年（一八七五）に『言海』の編纂に着手している。もともと別の学者グループに依頼された文化事業だったが、立ち上げ当初のメンバーは折り合いが悪かった。その失敗から仕切り直すにあたって、当時まだ二十九歳だった大槻に白羽の矢が立った。彼は十年以上の歳月を費やして取り組み、明治十九年（一八八六）に手書きの原稿が完成している。ところが政府の予算が確保できず、文部省から刊行されなかったため、明治二十四年（一八九一）に地元の仙台で自費出版に漕ぎつけている。

この辞書で大槻は「血」について、人間というよりも動物全般のこととして書いている。

動物ノ体中ニ在リテ、常ニ心臓ヨリ動脈静脈ニ通ジ、全身ヲ循環運行スル紅ナル液ノ名。生活ヲ保ツニ大切ナルモノナリ。人、獣、鳥等ニアリテハ温ニシテ、魚ナルハ冷ナリ。但シ、虫ニハ血ナキモアリ。

説明には「動脈」と「静脈」の知識もあり、血液の「循環運行（血液循環。本章・第二節）」のことも取り込まれている。代表的な中世日本語の辞書だった『日葡辞書』の重苦しい解説にくらべると、内容の差は歴然としている。江戸時代をへて、生命力に軸足を置くに至った「血」認識の到達点が、集約的に記されている。

「血筋《ちすじ》」について、『言海』は三項目に分けて説明している。

1　チノミチ。血ノ運グルすぢ。ミャク。脈

2　ウカラ。ヤカラ。身内。血縁。血脈。血縁

3　祖、父、子、孫等代代相続スル事。血統、血系

一番目は「筋」や「脈」の意味を汲んだ解釈になっている。血管のことも含まれるのだろう。その「血管」という言葉は、明治時代に普及した。幕末に刊行された堀達之助《ほりたつのすけ》編の『英和対訳《えいわたいやく》

袖珍辞書《しゅうちんじしょ》』（文久二年、一八六二版）では「blood vessel」に「脈管」という訳語があてられている。柴田昌吉・子安峻《こやすたかし》編『英和字彙《えいわじい》附音挿図《ふおんそうず》』（明治六年、一八七三刊）では「血管、脈管」の二語が並べられている。初期の段階では「血管」で一本化されず、『言海』にも「血管」は収録されていない。

『言海』の「血筋」の二番目には、身近な血縁関係についての説明があり、末尾に「血縁」の語が置かれている。「ウカラ」「ヤカラ」とは、古代社会で使われていた血族の総称で、漢字表記は一般的に「族」や「輩」があてられた。この辞書で「うがら」を引くと、解説に「〔生属《ウムカラ》ノ義カ〕血脈《チスヂ》ノ人。ヤガラ。ミヨリ。親族」とあり、「生属」にさかのぼる語源説も示されている。

「血筋」の解説の三番目は、代々にわたる「血」の継承にあてられ、類語の「血統」も示されている。解説の二番目は同時代の親族を意識した「血縁」のことで、三番目が「血統」つまり過去から未来に続く系譜という振り分けになっている。

辞書全体に目を向けると、「血」の字が含まれている収録語彙はつぎのとおりである。

悪血《あくち》　生血《いきち》　黒血《くろち》　下血《げけつ》　血脈《けちみゃく》　血暈《けつうん》　血液《けつえき》　血縁《けつえん》　血気《けつき》　血色《けつしょく》　血食《けつしょく》　血税《けつぜい》　血戦《けつせん》　血《けつ》族《ぞく》　血統《けっとう》　血判《けっぱん》　血脈《けつみゃく》　血痢《けつり》　血痳《けつりん》　血涙《けつるい》　血路《けつろ》　白血《しらち》　生血《せいけつ》　鮮血《せんけつ》　多血《たけつ》　血《ち》　血合《ちあい》

血荒《ちあれ》　血忌《ちいみ》　血刀《ちがたな》　衂血《じくけつ》　血臭し《ちくさ》　血屎《ちくそ》　血烟《ちけむり》　血汐《ちしお》　血筋《ちすじ》　血珠《ちだま》　血止《ちどめ》　血止石《ちどめいし》　血止草《ちどめぐさ》
血道《ちのみち》　血走《ちばし》る　血振《ちぶるい》　血祭《ちまつり》　血眼《ちまなこ》　血塗《ちまぶれ》　血迷《ちまよ》う　血塗《ちみどろ》　血眼《ちめ》　血槍《ちやり》

いずれにしても血液の話なので、ケガや病気の名前あるいはその症状をあらわす語彙も依然として多い。だが一方で、江戸時代に普及した「血縁」「血統」も出ていて、そこが『日葡辞書』と決定的に異なる。

明治時代ならではの用法もあり、典型が「血税」だった。『言海』には「命ヲ税トスル意」に続けて「徴兵ノ異称」と書かれている。明治五年（一八七二）十一月二十八日の太政官布告（第三七九号「徴兵告諭」）に「西人之《これ》ヲ称シテ血税ト云フ。其《その》生血ヲ以テ国ニ報スルノ謂ナリ」（『法令全書』）とあるのに由来する。西洋人は国家への奉仕を「血税」と称し、それは「生血」をもって国に報いることとある。「血」が生命の象徴として語られた典型例でもある。戦後になると、血を搾られるような思いで納める税金の意が強まり、現在に至っている。

「血」の穢れや禁忌に関する記載が『言海』にないわけではない。ひとつは「血荒《ちあれ》」で、説明文中に「穢レ」が出てくる。

流産ノ穢レニイフ語、但シ、胎児ノ未ダ形ヲ成サズシテ堕《お》リタルニ云フ。

すでに見た『義経記』では、母の磯禅師が娘の静御前に「八幡はあら（荒）血を五十一日忌ませ給ふ」（巻六「静若宮八幡宮へ参詣の事」）と語りかけていた。また弁慶は「愛発（荒血《あらち》）山」の由来に関する、産褥起源説を披露していた（巻七「愛発《あらち》山の事」）。いずれも出産時の流血による穢れという、伝統的な解釈だった。

対する『言海』の記載は、流産の場合に限定した「穢レ」になっていて、通常の出産には適用されていない。出産イコール産褥だった中世社会の解釈とは異なり、いわば産褥とみなされる領域が狭められている。

もうひとつ、血穢を回避することをあらわした「血忌《ちいみ》」も『言海』に収録されている。しかし中世語の意味とは差があり、以下のように説明されている。

暦ノ下段ニ記ス語、鍼、灸、嫁、娶、奉公人ノ雇入レ、ナドニ忌ム日ノ称。

これは血忌日《ちいみび》の略語として説明されている。血忌とは暦注《れきちゅう》のひとつで、暦注とは暦に記載される日時・方位などの吉凶、その日の運勢などのことをいう。具体的には鳥獣を殺すこと、鍼灸、嫁入り、奉公人を雇うことなどを避ける日だった。用例のいくつかは、すでに古代からある。公卿の九条兼実《くじようかねざね》（一一四九〜一二〇七）が、平安末期から鎌倉時代にかけて書いた日記の『玉葉《ぎよくよう》』にも、一例が出ている。治承元年（一一七七）十二月十一日のところに、今日は「血忌日」だからお灸をしないと書き留められている。

元来は殺生に通じる行為に際して、特定の日を避ける習俗だったのだろう。その意味で、当初は血穢が意識されていた。しかし後世になるにつれて、禁忌の対象が拡張されていった。ついには奉公人を雇い入れるときのように、流血とは無縁のことまで対象に数えられていった。その末に、今でいう厄日《やくび》の感覚に近づいている。血穢を意識する度合いは、年々薄まっていったと考えられる。

†狂言記と幸田露伴

市販の国語辞典や古語辞典には、源義経のような末子をさす「血の余り」の用例として、しばしば狂言の『縄綯《なわない》』が引かれている。一見すると、血筋の「血」がすでに室町時代にも存在していたように思えてくる。ところが同じ狂言作品でも、時代ごとに台本のバリエーションが豊富で、いつの時代の台本なのか押さえておく必要がある。

狂言の書写本は、先達が残した手書きの台本をそのまま引き写すことが、ほとんどないとされている。むしろ演者自身が口伝で受けてきたものを、改めて文字に起こすのが慣例だった。

だから室町時代の狂言を受け継いだ台本でも、江戸時代に書かれたのなら、江戸時代ならではの感性や言語表現が混入していることが間々ある。

縄を綯《な》うことを題名にした『縄綯』は、別名「緡縄《さしなわ》」ともいう。物語の冒頭部分で、主人が博奕《ばくち》に負けて無一文になる。借金のかた（担保）として、召し使っていた太郎冠者《たろうかじゃ》が相手方の何某《なにがし》に差し向けられた。その事実を太郎冠者には知らせず、手紙だけを持たせて遣わしていた。手紙を読んだ何某は、質《しち》となった冠者に縄綯などの仕事を命じたが、冠者は怒り心頭で働こうとしなかった。持て余した何某が主人に掛け合い、いったん冠者はもどされた。縄を綯いながら、彼は何某の悪口を並べ立てた。ところが罵倒した相手がいつの間にか後ろにいるのに気づき、逃げ回ってオチとなる。現在上演される際には、この展開が多い。

現存する最古の『狂言集』の写本は、狂言師の大蔵虎明《おおくらとらあきら》（一五九七～一六六二）が寛永十九年（一六四二）に書写した大蔵虎明本である。江戸時代の早い時期に書かれたため、中身は中世の狂言をうかがわせる詞章《ししょう》になっている。まず確認事項として、ここに収録された「縄綯」には血筋の「血」が語られていない。

他方、寛政四年（一七九二）に成立した大蔵虎寛《おおくらとらひろ》（一七五八～一八〇五）本には「血の余り」が出ている。勝手に雑用係として派遣されたことに腹を立てた太郎冠者は、いい加減にやり過ごそうとする。命じられた雑用のひとつが子守で、「血の余り」とおぼしき幼子が連れてこられて、その子の世話を任される。内儀《ないぎ》（夫人）に気づかれないよう、太郎冠者は子どもを泣かせたり、あやしたりする。いじめに等しい悪さを内儀に感づかれて追い立てられ、言い訳をしながら逃げ出して幕となる。

このように狂言の台本は、時代によっても演者によっても、書かれ方が大きく異なることがあった。右の虎寛本は、文言が確定されていった頃の台本で、現行の演出に近いことが指摘されている。江戸中期に書かれた台本であれば、血筋の「血」に立脚した「血の余り」が使われていても不思議ではない。

虎寛本よりもあとの天保二年（一八三一）に書かれた『狂言記』巻五の「縛縄」では、ふてくされた太郎冠者が仮病を使う。派遣先の当主だった形部三郎《ぎょうぶさぶろう》から縄を綯うよう命じられると、手の中風《ちゅうぶ》（手足の麻痺）が起こったと言い出した。持病なのかと問われた太郎冠者は、身の上話を始めた。二人の兄は財産を相続したが、自分は「ちのあまり」で可愛いはずなのに、受け継ぐものがなかった。そこでやむなく中風を受け継いだ、つまり遺伝したと自虐的に答えている。

原本には、平仮名で「ちのあまり」と書かれている。

明治時代になってから、文豪の幸田露伴《こうだろはん》（一八六七〜一九四七）がこの『狂言記』の校訂を担当した。その活字本となった『狂言全集』（上巻。明治三十六年、一九〇三刊）では、「ちのあまり」の部分に「乳《ち》の余り」を当てている。

「乳の余り」は、最後の母乳で育てた余りの子のことで、やはり末っ子を意味した。体内の「血」が「乳《ち》」となって母乳がつくられるという伝統的な解釈もあり、「血」と「乳」にはある種の互換性があった。それでも「乳の余り」もまた、実際には血筋の「血」が定着したのちに普及している。いずれにしても、末っ子のことをいう「血の余り」が書かれた室町時代の狂言台本は、まだ見つかっていないことになる。

　現在の国語辞典や古語辞典を改めて参照してみると、「血の余り」の出典は単に狂言の『縄綯』とだけ書かれている。実際には、江戸時代語の一部だったといえるのではないだろうか。

2　西洋医学の最先端

†血液循環論

『解体新書』には心臓の図解があった。心臓につながる太い血管をはじめとして、手足の末端にまで及ぶ毛細血管のような、細い管のイラストも描かれていた。だからといって、血液が体内を循環していると理解されていたわけではなかった。現在の常識となっている血液の循環は、江戸中期の段階ではほぼ知られていなかった。

その循環論は、イギリス人のウィリアム・ハーヴェイ（一五七八～一六五七）によって、十七世紀に立証された。日本が三代家光の治世下にあったとき、ハーヴェイは「動物における心臓の動きと血液についての実験的解剖学」という論文を発表した（一六二八年）。医学史上は、この年が血液循環論の元年と位置付けられている。

それ以前、ヨーロッパ医学は古代ギリシアにさかのぼる権威のガレノス（一二九頃～一九九頃）の学説が支配的だった。血液は肝臓で発生して人体の各部位まで移動するが、そこで消費されるため、循環することはないと考えられていたのである。しかしハーヴェイには、心臓から送り出される大量の血液がつねに肝臓内で作られるとは思えなかった。むしろ血液は、体内を循環していると考えた。

そこで彼は、この仮説を立証する動物実験を考案した。大静脈を結紮《けっさつ》（糸で縛って血流を止めること）すれば、心臓に血液がなくなる。また大動脈を結紮すれば、血液は心臓に停滞する。この二点を検証し、ガレノス説の核心部分を覆した。仮説を立てて実験で証明する手法が、医学でも成功を収めた初期の例とも評されている。

ハーヴェイの循環論を、いくらか理解していた江戸時代の蘭方医もいた。京都で開業して名声を博した小森桃塢《こもりとうう》（一七八二～一八四三）の『質測窮理《しつそくきゅうり》　解臓図賦《かいぞうずふ》』（文政四年、一八二一刊）には、循環のことがうかがえる記載がある。心臓の拍動が循環の原動力であり、その拍動は一刻も休むことがない。そのさまを桃塢は「一出、一入、暫くも閑あらず」と表現している。血液の出入が交互に起こるさまが「一出、一入」なのだった。

その新知識が広く国内に知れ渡るようになったのは、明治時代をむかえてからだった。まずハーヴェイの功績が、イギリスの著述家サミュエル・スマイルズ（一八一二〜一九〇四）の『自助論』（一八五九刊）に書かれた。それを啓蒙思想家の中村正直《なかむらまさなお》（一八三二〜九一）が翻訳し、大部の西洋偉人伝となった『西国立志《さいごくりっし》編《へん》』（明治三年、一八七〇刊）が空前のヒットを記録した。それにともなって、ハーヴェイの業績も知られるようになった。

第三十話に、ハーヴェイによる「血ノ運行」つまり血液循環論の発見が紹介されている。彼は自身の仮説を文章化するのに八年を要したが、世間は信用しないどころか彼を狂人扱いした。聖書を覆し、教義を乱し、倫理を破壊する詐欺師とみなされ、当時の人びとに中傷された。しかし徐々に信望を得るようになり、やがて世の中の定説になったと述べられている。血液の循環に関しては、タイトルでも本文中でも「運行」と表現されている。

中村の『西国立志編』に先立ち、福沢諭吉（一八三五〜一九〇一）が書いた『訓蒙窮理図《きんもうきゅうりず》解《かい》』（明治元年、一八六八刊）もヒット作になっていた。「訓蒙」とは江戸時代からある表現で、児童や入門者向けの図鑑類の題名に冠されてきた。「窮理」は今でいう物理に近く、この本が日本初の科学入門書となった。一八六〇年代にイギリスやアメリカで出版された科学入門書を翻訳し、子ども向けに平易な文章で書き、すべての漢字に振り仮名を添え、イラストも多数補ってある。たちまち人気を博して「窮理熱」と呼ばれる科学入門書の一大ブームが巻き起こり、科学関連の読み物が書店の店頭を賑わせた。ただし『訓蒙窮理図解』に、ハーヴェイは取り上げられていない。

科学ブームに乗って刊行された啓蒙書の一冊に『初学人身窮理《しょがくじんしんきゅうり》』（明治六年、一八七三刊）がある。原著は、アメリカ人医師のカルヴィン・カッター（一八〇七～七二）が一八五四年、子ども向けに著した「人身」つまり人体の科学の入門書だった。それを医師の松山棟庵《まつやまとうあん》（一八三九～一九一九）と官僚・ジャーナリストだった森下岩楠《もりしたいわくす》（一八五二～一九一七）が翻訳してまとめた。翻訳を担当した二人は慶応義塾の出身で、ともに福沢の門人であり、本書も慶応義塾出版から発刊されている。

この『初学人身窮理』もただちに評判になって何度も版を重ね、増補訂正版も出された。解剖だけでなく健康管理や予防医学の視点もあり、テーマごとに「養生学」という項目も置かれている。かつて貝原益軒らが説いていた「養生」の心得が、より学問的に扱われている。そして第五章の「血液循環之論」に「血行」のことが出ている。この頃から「血液循環論」の名称で、しだいに日本人の新常識に加えられていった。

児童向けの医書が人気を博する一方では、人体に関する専門書も刊行された。イギリスの宣教医ベンジャミン・ホブソン（一八一六〜七三）によって漢文で著され、清朝の中国で一八五一年に出版された『全体新論』である。「全体」とは全身のことをいう。日本には嘉永末年（一八五四）頃に伝わり、安政四年（一八五七）に翻刻されている。

明治七年（一八七四）に刊行された『全体新論訳解』巻一で見てみると、「血ヲ論ス」の項目にある記述は、かつてないほどくわしい。顕微鏡で血液を見たときに判別できる要素について述べられ、「紅血球（赤血球）」と「白血球」の名や正常値における両者の個数の比率が示されている。最後に「血液ノ効用」が書かれ、「紅血球ハ酸素ヲ運搬スル車輿ナリ」と出てくる。赤血球が酸素を運ぶことが示されている。

現に赤血球の発見は、顕微鏡の発明によってもたらされた。十八世紀になると、磁石を用いた実験によって、赤血球が鉄を含むことが発見された。さらには観察によって、赤血球が酸素に反応することが判明し、のちには酸素を運ぶことが解明されている。『全体新論訳解』は、その歩みをカバーしている。

この本には、顕微鏡越しの観察を離れた分析も記述されている。人の血液はある種の「塩味」と独特の「臭気」を持っている。血管内を「流通」している間は、おおむね「華氏百度（摂氏三十七度八分）」だが、体外に出ると十分ほどで凝結が始まる。そうして固体と液体に分離し、それぞれどういう成分を含んでいるのか分類している。ただし血液が体外で固まったり、あるいは体内でも凝固して「血行支障」となったりする原因は、まだわかっていないとも書かれている。当時はヨーロッパでも血液型のことが知られていないなど、血液の解明は道半ばの段階にあった。

循環論が普及するのにともなって、漢方の脈診とはどのように違うのかといった議論が活性化した。この点については、おもに漢方の側から解説する声が相次いだ。現在でも漢方でいう脈診の解説には、西洋医学でいう拍動とどこが異なるか説明されていることが多い。

†輸血法への道のり

ヨーロッパの近代医学が取り組んだ血液研究の最先端が、輸血だった。血液に生命力を感じ取ってきた過去のあらゆる認識のうち、輸血という視点はその最たるものだった。伝統的な穢れ意識が薄れた江戸時代の日本は、それを受け入れる精神的な下地が整っていた。ただし幕末期の時点でもなお、本場ヨーロッパでさえ研究は発展途上にあった。

同じ頃、歌舞伎や浄瑠璃など舞台芸術の世界では、流血にかかわるさまざまなモチーフが創作されていた。その多くは、ホラーや悲劇の要素が色濃かった。あるときは人間の生き血のエネルギーによって死者が再生し、病者が回復した。またあるときは、化け物の活力になるといった筋立てが見られた。すると輸血は、いったん善悪や虚実といった視点から切り離してみれば、右のようなフィクションの世界と似たところがある。まさに事実は小説よりも奇なりと称するにふさわしい、医学史上の新展開だった。

輸血に関する研究や実験は、ヨーロッパで十七世紀の頃から取り組まれた。多分に人体実験的な要素がともなうため、まずは羊や牛などを使った動物実験から着手されていた。一六六七年、フランスのジャン＝バティスト・デニ（一六四三～一七〇四）が、子羊の血液を患者に投与したのが始まりとされている。しかし副作用による死亡事例が出てから、しばらく禁止されている。血液型の知識もなく、衛生管理も行き届かず、その後も失敗例は多かった。それでも失血死に至る状況をみすみす放置するよりは、何らかの手を打つべきという最終判断のもとで、あえて試みられていた。

国内で初めて輸血のことを紹介したのは、大槻玄沢の門下生の越村図《こしむらと》南《なん》（一七八四～一八二六）だった。彼は津藩（三重県）で四代続いた蘭方医の二代目でもあった。その著に『瘍科《ようか》精選《せいせん》図解《ずかい》』（文政二年、一八一九刊）がある。上巻は当時最新の外科図で、輸血法の図解が載せられている。下巻の解説編では、その図解について「他人ノ腕血ヲ病人ノ腕ニ通シ移スノ状」と解説している。これは人から人への輸血だった。別のところにある輸血関連の項目では「管ヲ以テ、犢羊及ビ諸獣ノ血ヲ人ニ通シ移ス状」と訳している。江戸時代には、まだ「輸血」の語が用いられていなかった。

輸血について詳細に書かれた日本初の医学書となったのが、坪井為春・小林義直訳の『弗氏《ふっし》生理書《せいりしょ》』（明治八年、一八七五刊）だった。「弗氏」とは原著者のアメリカ人ジョセフ・ハチソン（弗知遜《ホユチソン》。一八二七〜八七）のことをいい、文部省が教科書として刊行している。巻三では動物同士の輸血に関する記述に続けて、人間への輸血について記載されている。研究史の解説によると、不幸な失敗が続いたため政府が禁じるに至ったが、近年また復活しつつある。重篤な出血でどんな薬も効かない患者に「輸血法」をほどこし、危篤状態から回復して命を取り留めることが間々あると述べられている。

『弗氏生理書』をはじめとするいくつかの翻訳書には、「輸血」や「輸血法」が使用されている。ただし確定されたわけではなく、類似の表現もまだ多い。社会的に広く認知されるようになったわけでもなかった。大槻文彦の『言海』にも「輸血」は含まれず、上田万年他著『大日本国語辞典』にも記載がない。

一方で明治時代になると、輸血の危険性もしだいに認識されていった。そのことを思わせる医学書や、法律書などの文献が残されている（松田利夫、清水勝「明治時代の「輸血学」」『人工血液』一九―三、二〇一一年）。オーストリア・ハンガリーで血液型（A型、B型、O型）が発見されたのは明治三十三年（一九〇〇）で、その前から血液型の不適合による副作用が認識されていた。技術的な煩雑さもあり、明治時代の末期には欧米諸国と同じく、国内でも輸血は顧みられなくなった。

その後、ヨーロッパが第一次世界大戦中だった頃、大正時代の日本で初めて輸血がおこなわれている。常々、戦争が起きると医学が発達するといわれる。それだけ緊急性を要する事態が多々生じた場合には、人体実験的な対処もやむを得ないという判断がはたらくからなのだろう。そういう歴史の法則性といったものに照らし合わせてみると、おおむね平穏だった江戸社会のもとでは、積極的な輸血の研究や実験は現実的に困難だった。

それでも外来の輸血の知識が増えるにともなって、「血」に対する日本人の意識も改めて変化する余地が広がっていた。場合によっては、江戸時代に形成された「血筋」の絆という意識さえ淘汰されかねない可能性を秘めていた。なぜなら輸血の場合、患者との相性と血縁関係は別問題だったからである。それどころか、血液型をはじめとする血液自体の相性さえ問題なければ、赤の他人のほうが輸血の相手にふさわしかった。文字通り「遠くの親戚より近くの他人」だった。近年の人工血液の開発も含めて、私たちの「血」認識は今後も変化していくことが予想される。

ところで医療行為の「輸血」に対して、輸血されたあとの状態を表現するなら、理屈の上では「混血」がありうる。文字通り、他人の血が混じるからである。しかし結果的に、その表現は医学の領域から生み出されなかった。結婚のあり方に関する議論を背景にして普及し、そこにもまた日本史上の「血」について考えるヒントが眠っている。とりわけ注目に値するのが、国際結婚をめぐる議論だった。

3　政策としての国際結婚

†福沢諭吉の士族論

『日葡辞書』に収められた「人種」はヒトダネと読まれ、「人間の血統、あるいは、種」と解説されている。この言葉は江戸時代をへて、明治時代にも受け継がれた。他方、明治時代になると新たにジンシュと音読する「人種」が台頭している。現在でも国語辞典の「混血」の項目には「人種」が異なる者同士の結婚と規定されているように、現代的な「混血」概念は音読みの「人種」の解釈と不可分の関係にある。

同じく辞書的な解説によれば、現代語の「人種」とは生物学的ないし身体的な形質による人類の分類単位のことをいう。それに対して、ジンシュと読まれ始めた明治時代の「人種」は、語義が現在よりも広かった。言語や歴史など、文化的な特徴を共有する集まりのことをいう「民族」まで包摂されていたのである。その「民族」は、明治時代の中期頃から普及し始めた新語で、『言海』には収録されていない。やがて新語の「民族」が普及するのと、「人種」の輪郭が狭められていくのは、連動した展開だった。

日本で初めて「人種」の枠組みを提供した著作は、福沢諭吉の『掌中《しょうちゅう》万国一覧』（明治二年、一八六九刊）とされている。「掌中」とは、ポケットサイズの本のことをいう。「人種ノ論」には五種類の「人種」の特性が書かれ、身体的な特徴や容姿に関することが中心になっている。それでも「黄色人種」の「性情」にも言及され、「勉励」は得意だが「才力」に乏しく「進歩甚ダ遅シ」とも書かれている。このような「性情」にも触れているため、人種よりも民族的な特性になっている。

この『掌中万国一覧』から六年後に、ベストセラーとなった『文明論之概略《ぶんめいろんのがいりやく》』（明治八年、一八七五刊）が出版された。巻一の第二章「西洋の文明を目的とする事」の条では「ナショナリチ（nationality）」ないし「国体」について論じ、そこに「人種」のことが出てくる。世界の諸国にはそれぞれの「国体」があり、同じ「人種」「宗旨」「言語」「地理」といったことに由来して生じてきた。そのように背景は多種多様だが、もっとも根源的な要因は「一種の人民」にあり、過去の歴史的な歩みを共有する者同士だという。ここに列挙されている項目のうち、「人種」以外はどれも現代語の「民族」に含めてもおかしくない。それらと識別された「人種」は、現代語のそれに接近している。

「西洋の文明を目的とする事」の条には、ヨーロッパの王家の血統についても解説されている。「血統」は西洋の言葉で「ライン」と称し、国家の君主が父から子に継承されて「血筋」が途絶えない。世界各国の風習によって、君主の「血統」は男子に限定するところがあり、男女を問わない国もある。継承については父親から息子だけでなく、息子がいなければ兄弟に受け継がれる。兄弟もいなければ、親戚筋から選ばれることもあるという。

また福沢によれば、ヨーロッパ諸国の王政下では王位の継承をもっとも重んじる。そのため「血統相続」の争いがもとになって、戦争に発展する例も珍しくない。あるいは、どこかの国の王が子どものいない状態で亡くなったとき、たまたま別の国の王がその近親にあたるときには、両国の国主を兼任することもある。これはヨーロッパの王室に特徴的なことで、中国や日本では例を見ないと述べられている。このように福沢は西洋の王侯貴族について記述し、日本の皇統とも比較している。

その日本については、国が開けてから「国君の血統」が絶えたことはないが「政統（政権）」は貴族から武士へと変化してきた。ただし、今後もひたすら旧習を守っているだけでは立ち行かず、この特質を国際社会に向けて活用していかなければならないと付け加えている。それだけでなく、後発の日本はあらゆる可能性を試す必要があり、政府の諸政策から一歩も二歩も踏み込んだ具体策を福沢は思い描いていた。テーマは「人種改良」で、列強の諸国に肩を並べるための秘策でもあった。

旧著の『文明論之概略』から六年後にあたる明治十四年(一八八一)に『時事小言《じじしょうげん》』が刊行された。最終章となる第六編は「国民ノ気力ヲ養フ事」と題されている。その後半によると、人間の天賦の資質に「強弱ノ差」があるのは偶然のことではなく、「父母先祖ノ血統ニ由来スルモノ」だった。その点は植物の種子や魚類・鳥類の卵のほか、種馬や種牛を見ればわかる。人間の生成も、この理屈と変わらない。だから世の人びとが「禽獣草木ノ種子」の選別を知っているのに「人類ノ血統」に考え及ばないのは迂闊《うかつ》なことだという。

以下の記述によると、福沢は今でいうところの優生学に対して、長年にわたって関心を持ち続けてきた。「血統婚姻論」に関する資料を集めて、一冊にまとめようと考えていた。あるとき偶然、イギリス人の「ガルトン」氏が書いた「能力遺伝論」を読み、わが意を得たりと思ったとある。

福沢のいう「ガルトン」とは、フランシス・ゴルトン(一八二二〜一九一一)をさしている。彼はイギリスの人類学・統計学の研究者で、初期の遺伝学者でもあった。日本が幕末期だった一八五九年、従兄のチャールズ・ダーウィン(一八〇九〜八二)が『種の起源』を出版したことに刺激を受け、遺伝の問題を統計学によって解決しようと思い立った。その十年後にあたる一八六九年に書かれた『遺伝的天才』で、人間の才能はほぼ遺伝によって受け継がれると主張している。よって家畜の品種改良と同じく、人間にも人為的な選択をほどこせば、より良い社会が実現できると考えた。

以下、福沢が紹介するゴルトンの学説によれば、どこの国でも天才と暗愚の人という両極端は滅多にいない。平均すれば、中間層が大多数になる。その原則をふまえた上で、ゴルトンは「人生遺伝の能力」を説くにあたって、イギリス国内で統計調査を実施した。各分野を代表する有名人を生み出した百件の家庭を選出し、彼らの「骨肉関係」を調べた。すると親や子どもに有名人がいる割合が高かった。その「智愚強弱」の度合いについては「血縁ノ遠ザカルニ従ヒテ、ソノ数減ズルヲ見ル」とある。

こういうイギリスの調査事例を紹介してから、福沢は日本の事情に当てはめようと試みる。とりわけ彼は「士族ノ血統」に着目し、旧武家出身の士族らの潜在能力を大いに活用すべきことを説きながらも、現実の課題に言及する。彼らの経済的な困窮による「肉体」の疲弊は覆うべくもないが、「精神ノ血統」は生きている。しかし世間はそのことを理解せず、社会的に無用の長物とみなす向きもある。彼ら全員の救済は叶わないけれども、何らかの支援を講じてもらいたいと福沢は希望していた。

江戸時代の武家は明治維新以降に士族と称され、廃藩置県や秩禄処分《ちつろくしょぶん》をへて経済基盤を失い、しだいに困窮した。やむなく彼らは、生計を立てるために商業や農業に乗り出した。先祖から伝わる家財や道具類などを屋敷内に並べた古道具屋が、よくある業態だった。しかしすでに社会的な需要に乏しく、しばしば横柄で堅苦しい接客だった。その素人商法ぶりが「士族の商法」と揶揄され、世間の笑いものになっていた。

福沢は「士族ノ血統」の特色を示すにあたり、ハンセン病を引き合いに出している。つまり「癩病」のような「遺伝毒」は理論上、五世代にわたって無事に発症を抑えることができて初めて根絶できるほど根強い。それと同様に「士族ノ気力」も五世代にわたって継承される力があるはずだ。しかし現在の士族の困窮は、ただちに彼らの「肉体」を直撃し、そこのカバーが優先されると「精神」の滋養は後回しになる。よって仮に「肉体」を保つことができても、「精神ノ気力」はただちに途絶えてしまって「癩質ノ遺伝」とは同列に置けない。そして福沢自身が残念に思うのは、彼らの「精神ノ血統」だけだという。

当時は『言海』でさえ「癩病」について「皮膚ノ病ノ名、遺伝病ニシテ、最モ醜キモノ、痒キコト甚シク、乾キテ白ク、薄キ痂《かさぶた》ヲ生ジ、次第ニ深クシテ、後ニ全身腐爛《ふらん》ス。天刑病」と書いていた。「遺伝病」で、なおかつ「天刑病」だと説明していたのである。むろん福沢は、ハンセン病のことを伝えたかったわけではなかった。だが『言海』も含めて、当時を代表する識者たちが悲観的な見方を発信したことにより、遺伝性の病気であるという誤解が明治時代に再燃していった。

なお『時事小言』では、右の文章の続きで改めて士族の「智徳」に触れ、代々にわたる教育の賜物ととらえている。彼らに「道徳」だけでなく「学術技芸」を授ければ、ただちに「進歩」して各方面に活用できる。ところが良家の「血統」を受け継いで「遺伝ノ約束」どおりの才能を持つ少年が、一年あたり数十円の学費を払えないばかりに、教育を受けられない。それでは数百年来続いてきた士族の「遺伝ノ教育血統」が断絶してしまう。そこで道徳教育だけでなく、経済支援についても考えるべきだと主張している。それを克服して「気力増進」をはかるべきだとも述べ、そこから第六章のタイトルに掲げた「国民ノ気力ヲ養フ事」が導かれ、本論が結ばれている。

第六章の章末では、本章の構成について振り返り、紙数の都合で十分論じきれなかったテーマを列挙している。そのひとつに「日本人民ノ身体ヲ強壮ニスル事」があった。この件に関しては、本文でも「天賦ノ身体ニ大小強弱アリ」とした上で、相撲の例を引き合いに出している。「身幹小弱ナル者」がどれほど稽古を重ねても「関取リノ段」に昇進できないのは明白といった程度の言及にとどめている。それでも彼は「血統」と「身体」の関係に並々ならぬ関心を示していた。

福沢が『時事小言』で訴えた若手士族の救済論は、「遺伝ノ教育血統」といいながらも「日本ノ士族ノ教育」の継承発展を叶える経済支援が根底にあった。実際には「血統」よりも「教育」の継承を指摘していたから、読者の賛同を得られやすかった。

しかし、その主張と関連づけようとしたヨーロッパの優生学は、当時としても前衛的だった。後天的に授かって自身を磨く「教育」と違って、すでに存在する遺伝的な成果を効率的に取り入れようとする文字通りの「血統」論だった。最終的には、人間の優劣や選別について突き詰めることになる。そうなると、社会的な影響力の大きな人物が声を大にして発言するには、いささかリスクが高かった。そこで福沢は自身の構想を継承発展させるにあたり、具体案の活字化を身近な人物に託していた。

『時事小言』刊行の翌年にあたる明治十五年（一八八二）、福沢は日刊新聞の時事新報を創刊した。自身も積極的に寄稿している。それ以降、福沢の文章はまず同紙で社説として掲載され、のちに単行本化されるのが慣例になった。そして創刊から二年後、時事新報の社説を書いていた記者の高橋義雄《たかはしよしお》（一八六一〜一九三七）が『日本人種改良論』（明治十七年、一八八四刊）を世に出した。冒頭の推薦文は、福沢が書いている。本作は福沢が思い描いていた「血統」と「身体」の問題を発展させた野心作でもあった。内容的には「優種」なる欧米人との「雑婚」による「日本人種」の「改良」を説いている。かつて福沢が『時事小言』で主張した「人種」の「改良」は、国際結婚まで踏み込んでいなかった。

「雑婚」の「雑」については、英和大辞典の『英和字彙 附音挿図』（明治六年、一八七三刊）に収録された「race」の解説に一例がある。訳語には「種属、血統、苗裔、子孫、出所、根、品種、酒香」といった言葉が並び、そのあとに「Human race」を「人類《にんげん》」、混血の「A mixed race」を「雑種」と訳している。当初はこの「雑種」が普及し、「雑種」化をもたらす国際結婚が「雑婚」と認識されていた。

高橋は幕末期に水戸藩の武家に生まれ、維新後、弘道館の流れを汲む旧制の茨城中学を卒業した。そのとき、新聞の社説を執筆できる学生を福沢が探していると知って上京した。明治十四年（一八八一）、福沢のとりなしで慶応義塾に入学している。論説の書き方などを直接福沢から教わり、記者になるための道を歩んだ。慶応で約一年間学び、翌年の春に時事新報に入社している。『日本人種改良論』を書いたときは、まだ二十代の前半だった。

高橋によれば、日本と西洋との格差は文明や科学だけではなかった。人間個々人の知力や体格の差でもあり、日本人は後者の部分でも大きく劣っていた。そのため、ヨーロッパ諸国と対等な国家を目指すためには「日本人種」の体格を改善する必要があった。そこで日本人は西洋人と「雑婚」し、心身が強壮で知力も優れた子孫を残し、民族として「改良」するのが好ましいという「人種改良論」が展開されている。

高橋の『日本人種改良論』は、全五章からなる。第一章「人種改良ノ事」では『時事小言』から「父母先祖ノ血統」に関する文章を引用し、福沢の基本的な考え方を踏襲している。第二章「遺伝及ビ習養ノ事」では「遺伝」を「父祖ノ血脈ヲ継承伝存スル」ことと定義してから、ゴルトンの優生学説を紹介している。第三章「体育ノ事」では、子どもの教育に触れている。日本では古来より「体育（体格の養育）」を知らず、「教育」といえば「徳育」ばかりを重んじ、書物ばかり読ませてきたという。その上で幼少期からの「運動」や「体操」の大切さを説き、「知育徳育」に「体育」を合わせれば奏功すると述べている。

第五章の「雑婚ノ事」によると、すべての生き物が「自然淘汰」してきたように、人間も「人為淘汰」がなされてきた。「劣等人種ガ優等人種ト雑婚」すれば「劣等人種」にとって「多少好結果ヲ来ス」可能性が高い。プラス要素の第一は身長、第二は体重、第三は脳の容積だと高橋はいう。中盤以降では、ヨーロッパの学者たちが述べた「人種」論を引用しながら、高橋の「血脈」認識を述べていく。その上で「欧米優等ノ人種」との「雑婚」は支持するに値すると語られている。彼が「雑婚」を奨励する目的は、「能力遺伝ヲ目的トシテ人為淘汰」させることにあった。

章末付近では「血統ヲ悪クスル」恐れのある実例として、ハンセン病のことが指摘されている。とりわけ「下流」の人びとに「癩病遺伝ノ家」が少なからずあり、「識者」の声によれば

「子孫五世」の後でなければ消滅しないと高橋はいう。ハンセン病患者に関する「子孫五世」は、福沢の『時事小言』にもあり、再度くり返された形になる。

『日本人種改良論』の続きの箇所では、相手の「血統」をよく吟味しないで「悪疾遺伝ノ家系ト結婚」してしまうことが懸念されている。自分の「一家ノ血統」だけでなく、親類筋まで「血脈ヲ穢ス」恐れを拭えないという。結婚にともなう「血筋」の穢れが、ストレートに語られている。

江戸時代のハンセン病については、専門家としての医師が思うところを述べ、その意見が世間に少しずつ広まる展開だった。対する明治時代は、文明開化を牽引するリーダーたちが自著でその説を語っていた。新刊の著作や新聞などによって拡散されたため、社会的な波及効果は格段に大きかった。「人種」を「改良」してこなかったことによるデメリットとして、ハンセン病が引き合いに出されたことは、患者たちにとって新たな不幸になっていた。

†加藤弘之の雑婚批判

ひとつの極論を提示した高橋の『日本人種改良論』は、社会的な議論を巻き起こした。反論した人物に、旧東京大学の初代綜理《そうり》の加藤弘之《かとうひろゆき》（一八三六〜一九一六）がいた。加藤からすれば、高橋が唱える「人種」の改良案は「日本人種」を消滅させせかねなかった。そこで彼は明治十九年（一八八六）一月に、上野の学士会院で自説を披露した。演説した内容を「人種改良ノ弁」と題して、翌二月発行の『東洋学芸雑誌』に掲載した。

まず加藤は「人種改良」の必要性を認めながらも、国内での「衣食住ノ改良」から着手すべきとした。しかし実質的には、経済的に豊かな一部の人でないと実現はむずかしいと判断している。そのあと高橋の主張を紹介し、「日本人種ト西洋人種トノ雑婚」によって「黄白二人種ノ雑種ヲ得」る策を取り上げ、疑問を投げかけている。

翌三月発行の号に掲載された続編で、加藤は「西洋人ト日本人トノ雑婚ニヨリ優等ナル雑種ヲ得ル」立場に反論する。「日本人種」が「西洋人種」にいくらか劣る部分は、あるのかもしれない。だが今後、彼らと肩を並べて「開明ト独立」のために競うことができないほど、双方の能力が隔絶しているわけではない。実際のところ、日本の近年の「進歩」は目覚ましく、「西洋人」を驚かせている。

だから「雑婚」によって、より良い「雑種」を得ようとする考えに加藤は反対する。もしそのような政策を進めていけば、ついには「日本ノ版図」つまり領土が「西洋人種」に領有されてしまう。要は純粋な日本人がいなくなってしまい、それを加藤は「血液」のこととしても書いている。つまり「西洋人種ノ血液ヲ日本人種ニ加フル」と、そのぶん「日本人種ノ血液ヲ滅スル」ことになり、いずれは「西洋人種ノ血液ノミトナル」とある。

一連の議論の中に「純粋ナル日本人種」といった表現も出ている。こういった表現が素地となって、後世の「純血」につながっていくものと思われる。

一方で続編には、西洋「人種」の男と日本婦人との「雑種所謂合ヒノ子」もすでに多いと述べられている。ここにある「あいのこ(間の子・合の子)」が、今いうところの混血児に相当する。加藤の「人種改良ノ弁」と同じ年に刊行されたジェームス・カーティス・ヘボン(一八一五〜一九一一)の『和英英和語林集成』(第三版。明治十九年、一八八六刊)にも、この語が収められている。和英に収録された日本語「AINOKO(アヒノコ)」の英訳に「One born of mixed bleed; an Eurasian」と記されている。末尾にある「Eurasian(ユーラシアン)」とは、ヨーロッパ(Euro)とアジア(Asia)の混血種のことをいう。この「あいのこ」も、以後しだいに普及していった。

加藤による批判に対して、高橋は時事新報の社説で反論した。さらに新たな論客もあらわれ、意見が戦わされた。論争の勃発から十年以上経過してから、福沢も「人種改良」に言及している。その著作が、実社会の課題になっている百のテーマについて論じた『福翁百話《ふくおうひやくわ》』(明治三十年、一八九七刊)だった。第七十七「子孫身体の永続を如何《いかん》せん」では食育や運動、家風といった観点から標題に掲げた「子孫身体の永続」を説いた。第八十五は「人種改良」と題し、この問題を正面から論じている。議論の前後の箇所で、何度も「漫語」であると断りつつ、自身の思い描く百年単位の壮大な構想を披露している。

そこでは遺伝病への言及はなくなり、当時注目されてきた「家畜類の養法」に着目している。「近年家畜類の養法次第に進歩して」とくに「体格性質を改良する」のは別段むずかしいことではなくなった。「要は唯血統を選ぶにあるのみ」だから、牛馬の場合には良い性質の父母を見出す。そして二頭から生まれる子どもから「善良なる逸物」を父母にして、子どもを産ませるといった方法を続ける。それを四世代から五世代も維持すれば、驚くべき成果が上がる。実際に欧米諸国では畜獣の飼育法として継承され、百年も経過すれば、ほとんど「別種族」といった様相を呈するほどだと福沢はいう。

こうして家畜改良法の例を示しながら人間への転用を提唱し、「人間の婚姻法を家畜改良法に則《のっ》とり、良父母を選択して良児を産ましむる」ことを提案している。畜獣は寿命が短いため世代交代が早いが、人間は寿命が長いから時間を要する。それでも二、三百年の大計として取り組むべきだという。その際「種《たね》」とは、母方の「腹」に対する父方をあらわした「妄説」ではなく、両親のことだと述べている。男系主体の「子種」ではないと断ったもので、同書では第三十五「女子教育と女権」のように女性の立場に配慮した項目もある。「人種改良」論だけが突出した印象にならないよう、全体のバランスを気遣ったのだろう。

一連の主張は、それでも結果的に支持を広げるところまではいかなかった。ダーウィンの進化論の紹介に努めた動物学者の丘浅次郎《おかあさじろう》（一八六八〜一九四四）が、かつて盛り上がった論争について回顧している。丘自身は従来の「人種改良」を日本国内で実施する「民種改善学」を説いていた。その著『進化と人生』（明治四十四年、一九一一刊。増補版）の一節で、国際結婚ありきの「人種改良」をめぐる議論に触れている。

人種を改良しやうといふことは、今から二十数年前に我国でも一度唱へられたことがあつたが、その時の人種改良は、日本人よりも優つた西洋人と雑婚して、西洋人の血を日本人に加へて、人種を良くしやうといふ考であつた。

このあとに「万事西洋を崇拝した心酔時代」とも述べている。

右のような優生学は古典的優生学とも呼ばれ、今日ではほとんど支持されていない。競馬のサラブレッドや、農業分野での育種学などは特殊な状況下での限られた事例にすぎず、人間の肉体や精神の改良にまで飛躍させるのは根拠が乏しいと考えられてきた。しかし二〇〇〇年代にヒトゲノムが解明されると、ふたたび優生学的なヒト遺伝子の選別が論じられるようになってきた。近年ではその倫理的な側面に配慮しながら、研究を進める状況にある。

明治時代になると、ヨーロッパで発達した馬の飼育法や、交配の方法に関する専門書が相次いで書かれた。それらの多くが、優生学の視点から馬の品種改良を説いていた。現在の血統書付きサラブレッドから想像される競走馬よりもむしろ、実用性の高い農耕馬や軍馬の改良法が解説されている。そして同系統の書籍には、血筋関連の新語となった「純血（種）」の早期の例が出ている。

この「純血」が定着する前は、説明的な表現が使われていた。同じ飼育法の本でも、たとえば『牧畜全書』（ユアット著、明治二十年、一八八七刊）の上巻には「血統甚タ純ナリ」とある。この場合の「純（種）」とは「交種」させて「混種」にする前の馬のことをさしている。「新種」に対する「本種」「旧種」という別の言い方も使用され、その上でより有益な「交種」について解説されている。ただし、つねに「純種」よりも「混種」がふさわしいとは限らないという。牽引力があることや足が速いことなど、用途によって馬に求められる能力は一律でないからである。

そういった前段階をへて「純血（種）」の語に結実した。『牧畜全書』の五年後に刊行された『牧馬及ビ軍馬之補充』（ドヴォー著、明治二十五年、一八九二刊）では「純血種」と「雑種」が対比されている。「英純血種牡馬」といった表現もあり、これは純英国産の馬をあらわしている。この「純血」なら、現代語の感覚に近い。

翻訳書に紹介されたヨーロッパの最新事情を参考にしながら、日本でも西洋馬との掛け合わせによる品種改良が奨励された。その動向に着目していた福沢諭吉の発信などにより、優生学を人間にも適用する議論が盛んになった。注目されたのが「人種改良」だったこともあり、改良される前のことをいう「純血」は話題の中心でなかった。加藤弘之は「雑婚」に頼らず「純粋ナル日本人種」として国際社会に乗り出すべきことを主張していたが、表現の上では「純血」を強調していなかった。人間の「純血」は明治後期に「混血」との対比から提起され、しかも当初は日本人と無関係だった。

いち早く「混血」が使用されたのは、森鷗外《もりおうがい》（一八六二〜一九二二）の『人種哲学梗概《じんしゅてつがくこうがい》』（明治三十六年、一九〇三刊）とされている（岡村兵衛「「混血」をめぐる言説：近代日本語辞書に現れるその同意語を中心に」『国際文化学』二六、二〇一三年）。この本に書かれた「混血」とは、西洋の歴史上にあらわれた白人と周辺民族による混血児のことだった。

冒頭に置かれた例言によると、本書はほんの四か月前に開催された「国語漢文学会」での講演を書き起こしたものだった。本文は全部で七十ページにも満たない。その講演に際して、鷗外はフランス人作家のアルテュール・ド・ゴビノー（一八一六〜八二）の評論『人種不平等論』

のドイツ語訳を手元の資料にしていた。彼は壇上でゴビノーの人種論を紹介しながら、異論や批判も織り交ぜつつ、聴衆に語りかけていた。

ゴビノーの文章は、黒船来航の一八五三年にフランス語で起筆され、一八五五年に仕上げられた。純血種のアーリア人（古代インド・ヨーロッパ語族の人びと）に由来する「白人」を優秀人種と位置づけ、「黒人」や「黄色人」を劣等人種と規定している。ゴビノーによると、三人種の間に横たわるさまざまな差異は自然がもうけた障壁だった。その障壁が混血によって破られ、文明が退化してカオスに引き戻される。結局ひとつの国家が発展すると、移民が流入して異人種との混血を招く。その国をつくりあげた優越人種は、絶滅の危機に瀕するという。そのゴビノー説をふまえた鷗外の『人種哲学梗概』では、混血に関する部分がつぎのように書かれている。

本来開化の人種は純粋な血液を持つて居て、これを土台として本能を発達させて、それを隣の人種に波及せしめた。しかるにその結果として隣の異人種と雑居し、これと結婚する。雑種が出来る。血が混《まじ》る。我本能が他の本能と争ふ。そこで我の持つて居た本能が押し下げられて、他の本能が頭を擡《もた》げる。

つまり「開化の人種」は、元来「純粋な血液」を持っている。しかしいずれは「異人種」との「雑居」や「結婚」をへて「雑種が出来る」ことによって「血が混る」という。このあとで古代ギリシア・ローマにさかのぼるヨーロッパ史を概観し、中世のイギリスやフランスなどで起こった争乱に触れている。そうして「種族」が「退化」するというゴビノー説を紹介する。「血が混る」ことについては所々で「混血」とも表現し、「混血の結果が、種族の衰微となつて現れて来る」と述べている。

その上で鷗外は、改めてゴビノー説を批判する。ゴビノーのいう「退化」とは、「異人種」との「結婚」で「血が混る」ことだった。しかし「混血」によって「種族の衰退」が生じるなら、各「人種の血」はそれぞれ「価値」が違うと解釈しなければならない。もし同一なら、どれだけ混ざり合っても問題ないはずだからである。だがゴビノーは「能化(教え導くこと)の民の血」は尊く、「所化(教化されること)の民の血」は劣っていると規定した。鷗外はそのことを強調している。

鷗外が翻訳したゴビノー説では、国を没落させる「混血の害」を避けるためには「人種の純血」を守ることが大切だった。最終的に鷗外は、ゴビノー説を白人のための理論ととらえて「不公平だ。偏見だ」と訴えている。あるいは白人の優位に対する自負心が揺らぎ始めたことの裏返しではないかとも推察し、講演を結んでいる。

同じく明治三十六年の十一月、鷗外は早稲田大学で「黄禍《こうか》論《ろん》梗概《こうがい》」という題名の課外講義を開いた。このときも『人種哲学梗概』の形式にならって、ドイツ人ヘルマン・フォン・サムソン＝ヒンメルスチェルナ（一八二六〜一九〇八）の『道徳問題としての黄禍』（一九〇二年刊）を要約しながら紹介した。その翌年に、早稲田での講義と同じ名の『黄禍論梗概』（明治三十七年、一九〇四刊）をまとめている。

鷗外が取り上げて紹介した箇所は、日本人と中国人を比較した記述が多く、原著者は中国人の道徳性の高さを称賛していた。これを鷗外は「支那に心酔して日本を憎悪する」ものと解釈した。その背後には、西洋人が日本を当面の敵とみなす意識があるという。要するに黄禍論は「臆病論」だと結んで、『黄禍論梗概』は終わっている。

世界史上の黄禍論は、十九世紀の末期に発生した。ドイツの地理学者フェルディナント・フォン・リヒトホーフェン（一八三三〜一九〇五）がアジア民族の移住と労働力に言及し、将来の脅威になると指摘したことが端緒とされている。日清戦争で日本が勝利すると、ドイツ皇帝ウィルヘルム二世（一八五九〜一九四一）はヨーロッパ列強が一致して「黄禍」に対抗すべきことを説いた。とくにロシアは、地理的に阻止する役割を果すべきと主張した。そのためドイツはロシアを支援し、下関条約後の独仏露による三国干渉は、この構想にもとづく具体策でもあった。

そして明治三十七年（一九〇四）の二月に日露戦争が勃発し、鷗外の『黄禍論梗概』は同年の五月に刊行された。例言の五番目には「日露の戦は今正に酣《カン・たけなわ》なり」とあり、まさに対戦中だった。鷗外としては、ヨーロッパを基準にした価値観に異議を唱える意味合いもあったのだろう。

このように異なる「人種」同士による結婚を前提にした「混血」という発想は、江戸時代には成立しなかった。実際に「混血」がなされてきた歴史的な背景があってこそ、成り立つ考え方だったといえる。その意味で「混血」が進むことによって「純血」が脅かされる危機感もまた、本来は外来思想だった。その危機意識は自国に対する自負の裏返しでもあり、古代西洋世界にさかのぼる歴史上の大国から生み出されてきた。

それとは逆に、優生学にもとづいた「混血」の奨励という明治時代の主張は、欧米諸国に対する劣等意識のあらわれでもあった。その反動で、自国の「純血」を守ろうといった立場が強調されるケースも出てきた。対外的な危機感から生じた自負でもあった。

4　法律上の親子関係

†旧憲法と皇室典範

明治二十二年（一八八九）二月十一日、大日本帝国憲法（以下、旧憲法）が公布され、同時に旧皇室典範《こうしつてんぱん》（以下、旧典範）が制定された。旧典範は皇室に関する基本法典で、旧憲法と並ぶ最高法典とみなされた。皇位の継承については、旧典範の規定に従うと旧憲法に定められた（第一章「天皇」第二条）。その旧典範は十二章六十二条からなり、第一章「皇位継承」の最初の三条は、つぎのように規定されている。

第一条　大日本国皇位ハ、祖宗ノ皇統ニシテ、男系ノ男子之《これ》ヲ継承ス
第二条　皇位ハ皇長子ニ伝フ
第三条　皇長子在《あ》ラサルトキハ、皇長孫ニ伝フ。皇長子及其《およびそ》ノ子孫皆在ラサルトキハ、皇次子及其ノ子孫ニ伝フ。以下皆之ニ例ス

原則として「皇統」の継承は「男系ノ男子」による。長男の「皇長子」が不在の場合には「皇長孫」、さらに不在の場合には「皇次子」か、その「子孫」に継承されるとある。従来は不文法・慣習法によっていた皇位の継承が成文化され、第一、第二、第三候補といった継承の順

位も制度上明確になった。
血筋の「血」は旧憲法にも旧典範にも記述がなく、「血統」も使用されていない。伝統や格式を重んじる公文書の筆頭なので、避けられたのかもしれない。江戸時代の幕府法でも、将軍家や大名家の血統を「血」であらわした例は一般的でなかった。

制定までの道のりを少しさかのぼってみると、憲法案と皇範案は前年の明治二十一年（一八八八）に完成した。各条文に注釈を加えた説明書も作成された。作成者の井上毅《いのうえこわし》（一八四四〜九五）が注釈書の出版を提案し、制定後に起草者や法学者らが稿本を吟味している。その末に『大日本帝国憲法義解』と『皇室典範義解』がまとまった。両書の末尾に添えられた「義解」は「ぎかい」とも「ぎげ」とも読む。

二冊の注釈書は、伊藤博文（一八四一〜一九〇九）の私著という形で、版権を国家学会（東京大学法学部の前身の研究団体）に寄贈された。国家学会は明治二十二年の四月に二冊を別々に印刷し、関係者に配布した。さらに両義解を合本にした『帝国憲法 皇室典範 義解』が、六月一日に公刊されている。全体的にくわしい注釈がほどこされているが、やはり血筋の「血」はなく、そこは本体となる条文に準じていた。

ところで明治二十二年には、旧憲法の注釈書が多数刊行されていた。国立国会図書館に所蔵されている関連書籍だけでも、同一書籍の再販まで数えれば、年内に百冊近く出されている。

しかも旧憲法が公布された二月十一日から日を置かず、ただちに出版された本も多い。国家学会から『帝国憲法 皇室典範 義解』が出るよりも早かったのである。二月中に刊行された書籍の書誌データを、印刷と出版の月日まで示すと、つぎのようになる。

法理精華社編述『大日本帝国憲法義解』英吉利法律学校内法理精華社、二月十二日印刷・出版
『大日本帝国憲法』博聞社、二月十二日印刷・出版
『大日本帝国憲法』伊藤某、二月十三日印刷、十四日出版
又間安次郎編『大日本帝国憲法 傍訓』田中宋栄堂、二月十四日印刷、十六日出版
『大日本帝国憲法』永昌堂、二月十七日印刷、十八日出版
依田平三郎編『大日本帝国憲法俗解』高岡安太郎、二月十九日印刷、二十一日出版
磯部四郎『大日本帝国憲法註釈』阪上半七、二月二十二日印刷・出版
薩埵《さった》正邦他『大日本帝国憲法精義 全』時習社、二月二十二日印刷、二十三日出版

二月に刊行された注釈書はほかにもあり、ビジネスチャンスとにらんで世に送り出した感がある。これだけ種類が多いと、皇統を「血統」のことと説明した注釈も見出せる。右に列記した最初の『大日本帝国憲法義解』の第二条の注釈にも、一例がある。不慮の出来事や継嗣争い

などで、皇位に空白を生じさせてはならず、そのため継承の順位が定められた。継嗣の資質として「主権者タルニ必要ナル血統」および「身体及ヒ精神上ノ資格」が求められ、詳細は旧典範に規定したとある。そこに「血統」の語があり、諸条件の最初に書かれている。

同年の三月に出された渡辺亨『通俗大日本帝国憲法釈義』の「総論」には、旧憲法が制定される前の不文法の時代について述べられている。書かれた法律がなくとも、「神武天皇の血統」でなければ、皇位を継承できなかったとある。

これらの注釈書の大半は、旧憲法だけを載せていたわけではなかった。旧典範をはじめとして、同時に定められた法律（議院法、衆議院議員選挙法、会計法、貴族院令）も収録している。ただし付録扱いにして条文だけを掲げ、注釈を加えていないことも多い。そのため旧典範の注釈書としては、前掲の『帝国憲法義解 皇室典範 義解』がもっとも参考になる。

第一章の「皇位継承」には、「皇統」が「男系」であるべき理由が記されている。かつては女性の天皇もいたが、神武天皇から崇峻《すしゅん》天皇までの三十二代は女帝の例がなく、それが基本だった。推古天皇以降の女帝も臨時の職務であり、「後世ノ模範」ではなかった。その上で「皇統」とは「一系ノ正統ヲ承《う》クル皇胤」の意と定義されている。「皇統」「正統」「皇胤」といった伝統的な表現が並び、その点は皇位の継承に関する最終の第九条まで変わらない。

そして旧典範の第四十二条には、養子の禁止が規定されている。原文には「皇族ハ養子ヲ為《な》スコトヲ得ス《ず》」とある。注釈によると、皇室でも「養子猶子ノ習」はあったが、中世以来の俗習で「古ノ典礼」ではない。本条は「異姓」の一般男子を皇室に養子として入れることはもちろん、皇族が相互に男子・女子の養子として宮家《みやけ》（「○○宮」の称号を持つ皇族の一家）を継ぐことも禁じる。それは「宗系紊乱《そうけいぶんらん》」を未然に防ぐためだという。

これには当時の皇室の実情も関係していた。宮家がつぎつぎに創立され、皇族男子の数が増えていたのである。しかも旧典範は、嫡出の男孫に永世皇族制を認めていた（第五・六条）。今後も人数の増加が予想され、養子の禁止はそれを制限するための一策でもあった。伝統的に養子の受け入れが珍しくなかった日本的な「家」社会で右の方針が示され、皇統はもっとも純粋な「血統」の系譜と認識されていった。

†民法上の血族

旧憲法の場合と同じく、民法に関しても注釈書が量産されていた。とくに明治政府がフランスの民法を手本にすることを決めると、「仏蘭西《ふらんす》」や「仏国」の字を冠したフランス民法の本が続々と刊行された。これも国立国会図書館の所蔵リストで検索してみると、膨大さを実感できる。すでに明治ひとケタの段階から手がけられている。模範とすべきフランス民法とはどういうものか、という社会的な関心に応える専門書が、毎年複数冊のペースで世に送り出されていた。

司法省出身の桜井一久《さくらいいっきゅう》（一八五八～一九一〇）がフランス民法を解説した『民法要論』（訂正三版。明治二十一年、一八八八刊）も、その一冊だった。上巻の人事編・第五巻は「親属」編になっている。当時「親族」は「親属」、「血族」は「血属」とも表記され、「属」は所属する構成員の意だった。著者の桜井は、日仏の「風俗慣習」の異質性に触れてから、「親属」の定義を述べている。

親属トハ血縁ノ関係ニ依テ連結セラレタル人ノ集合ナリ

「親属」とは「血縁ノ関係」にある者同士と定義されているので、血族に等しい。以下の箇所では「血縁」ないし「血属」について定義され、同じ人から生まれて同じ祖先を有する人たちの集まりとある。「親族」の範囲（親等数）に関する規定はない。

第三章は養子の規定で、そもそもフランスでは養子の慣例が希少という理由で、記載の分量自体が少ない。それもまた日仏で「風俗慣習」が異なる側面だった。したがってフランスの民法を参考にしながらも、日本の社会風土に見合った民法を作るとなると、一定の修正が必要だった。

明治二十三年（一八九〇）、フランス人法学者ギュスターヴ・エミール・ボアソナード（一八二五〜一九一〇）らが起草した旧民法が公布された。このあとに生じた民法典論争をへて、新たな民法の編纂が進められ、明治三十一年（一八九八）に公布されている。全五編のうち、明治三十一年の六月二十一日に第四編（親族）、第五編（相続）が出されて完結し、七月十六日から施行された。

テーマ上、第四編の「親族編」に血筋の「血」が多用されている。しかも用語は「血族」に限定され、その点は千百四十六条におよぶ条文全体を通して変わらない。「血統」「血縁」「血筋」といった類語を併用すると、定義や区分が煩雑になりやすく、誤解や曲解の恐れがあると考えられたのだろう。

その民法第七百二十五条（親族の範囲）は、つぎの三項目で構成されている（『法令全書』明治三十一年六月二十一日「法律第九号」）。

六親等内ノ血族
配偶者
三親等内ノ姻族

最初に「六親等内ノ血族」とある。親子関係と兄弟関係でつながっている人は、どれほど生活空間が離れていても血族だが、民法上の「親族」は六親等以内の「血族」に限定された。彼らは「親族」同士で、「血族」同士でもある。七親等以上の間柄については、「血族」だが「親族」ではないことになる。また逆に、第二の「配偶者」と第三の「三親等内ノ姻族」については「血族」ではないが、「親族」には該当する。「姻族」とは配偶者や配偶者の血族、さらにその血族の配偶者のことをいう。

民法の制定に合わせるようにして、またしても注釈書が相次いで刊行された。書名に「改正民法」や「新民法」などと冠した本もあり、旧民法が意識されていたのがわかる。旧憲法や旧典範のときのように、制定から数日後の出版といった早業ではなく、数か月をへてから世に出ている。条文にある「血族」に関しては、注釈書では「血を分けた」「血縁」「血統」なども用いて自在に書き替えられている。解説するとなると「血族」一辺倒ではなく、文章表現を変えたくなるのだろう。

民法の第七百二十七条には「養子」の規定があり、つぎのように書かれている。

養子ト養親及ヒ其血族トノ間ニ於テハ養子縁組ノ日ヨリ血族間ニ於ケルト同一ノ親族関係ヲ生ス

欧米諸国よりも婿養子が一般的だった日本の事情を勘案し、「養子」が「血族」に含められた。養子縁組をしたその当日から、「血族」と同等の「親族」になると定められている。その場合には養子から六親等以内にあたる人たち、つまり養親から数えて五親等以内の「血族」が「親族」に該当する。

ちなみに『言海』には「血族」が「チスヂノ人」と説明され、「古キ語、或ハ多ク用ヰ《い》ヌ語」と付記されている。古い言葉で、今ではあまり使われていないと大槻は書いていた。『言海』の原稿が完成したのは明治十九年（一八八六）であり、ボアソナードの旧民法が公布されるよりも前だった。

大槻の言葉に反して「血族」は法律に組み入れられ、メジャーな日本語に昇格した。上田万年らの『大日本国語辞典』にある「血族」は、法律用語として「血統上の連絡ある親族、及び法律がこれと同視せるものの総称」と説明している。用例には「民法第七百二十五条一号」として「六親等内の血族」と書かれている。

長年にわたって小刻みに改正されてきた今日の民法でも、条文に「血族」以外の「血」はなく、用語の一本化は保たれている。だが私たちの標準的な認識では、なおも「血族」に養子が含まれていないことが多い。そのため今日では便宜上、親兄弟などの「自然血族」と、養子縁組によって結ばれた「法定血族」に分けられている。これら四文字の語彙は条文に書かれているわけでなく、現代的な注釈として補われている。日本語「血族」の解釈は法令主導にならず、法律家が微調整をはかっている。言葉は、とくに日常語は時の政権の方針や制度の影響力と別のところで、おのずと推移していくのだった。

以上、日本史上の「血」のイメージについて、新旧を対比させながら跡づけてきた。当然ながら、古い時代ほど今の常識と隔たりがあり、明治以降の言語感覚のほうが馴染みやすく感じられる。もちろん今後も、長い年月をかけて少しずつ変化し続けるのだろう。その前にいったん現時点で区切り、新旧を把握しておくのも無駄な試みではない。過去にイメージの変遷があったことを知った上で、今後の推移を把握できるからである。

おわりに

日本語「血」の語義変化については、以下の論文および著書をへて活字化してきた。かれこれ三十年近く、似たような問題に取り組んできたことになる。

「近世語としての「血」について――「血筋」意識の形成に関する一試論」『紀尾井史学』一二、一九九二年
『「血」の思想――江戸時代の死生観』研成社、一九九五年
『血筋はそこからはじまった』研成社、二〇〇二年
「「血」の思想」『岩波講座 日本の思想』五、岩波書店、二〇一三年、所収

これら四つのうち、古いほうの三つを書く際には各図書館をめぐり、紙の研究書や史料集などのページをめくって情報を集めた。二十世紀のアナログ的な方法である。四番目の岩波講座

の論考では、インターネットもいくらか活用できた。ネット上に公開されている各大学の付属図書館や、学術研究機関などが所蔵している貴重史料を、画面上で閲覧しながら取り込んでまとめる手法である。

それから現在に至るまでの間に、ネット環境はさらに充実してきた。キーワード検索のもとになるデータベースも厚みを増し、「血」意識の変遷といった広大無辺な題材にも対応できるようになってきた。先進のネット情報がなければ、今回のように史料を収集することは、おそらく不可能だった。

史料調査の環境は更新されても、書いてきたテーマの基本線はとくに変化していない。今回の試みがどの程度の説得力を持つのか、今なお定かではない。それでも研究方法自体は、ネット検索の時代に向いているように思う。

別に掲げた参考史料の多くは、国立国会図書館や早稲田大学図書館をはじめとする所蔵機関のデジタル・アーカイブを参照している。各史料に（国）（早）などと記して出典を示した。存分に活用させていただき、この場を借りてお礼申し上げたい。また今回の出版に際しては、東京大学の苅部直先生にお力添えいただき、筑摩書房編集部の松田健さんのお世話になった。明記して感謝申し上げたい。

参考文献・参考史料

＊（国）は国立国会図書館、（早）は早稲田大学図書館の所蔵

第一章

参考文献

佐原真『騎馬民族は来なかった』日本放送出版協会、一九九三年
谷泰『「聖書」世界の構成論理』岩波書店、一九八四年
秋山聰『聖遺物崇敬の心性史』講談社選書メチエ、二〇〇九年
マルク・ブロック著、新村猛他訳『封建社会』一、みすず書房、一九七三年
木津隆司『西欧中世の家と家族』一麦出版社、二〇〇六年
滋賀秀三『中国家族法の原理』創文社、一九六七年
井上光貞『日本古代の王権と祭祀』東京大学出版会、一九八四年
津田左右吉『古事記及び日本書紀の新研究』（『津田左右吉全集』別一、岩波書店、一九六六年）
吉田孝『律令国家と古代の社会』岩波書店、一九八三年
尾藤正英『日本文化の歴史』岩波新書、二〇〇〇年
千葉徳爾『狩猟伝承研究 後篇』風間書房、一九七七年

参考史料

渡辺綱也校注『沙石集』日本古典文学大系八五、岩波書店、一九六六年
黒板勝美他編『交替式・弘仁式・延喜式前編』新訂増補国史大系、吉川弘文館、一九八一年
正宗敦夫編『医心方』六、日本古典全集刊行会、一九三五年

筑土鈴寛校訂『沙石集』下、岩波文庫、一九四三年
土井忠生他編訳『邦訳 日葡辞書』岩波書店、一九八〇年
渡辺綱也他校注『宇治拾遺物語』日本古典文学大系二七、一九六〇年
厚誉春鶯廓玄『本朝怪談故事』二、小河太左衛門他、一七一六年（国文学研究資料館）
干宝著・竹田晃訳『捜神記』平凡社（東洋文庫一〇）、一九六四年
池上洵一編『今昔物語集』一―四、岩波文庫、二〇〇二年

第二章

参考文献

和辻哲郎『歌舞伎と操浄瑠璃』（和辻哲郎全集一六、岩波書店、一九六三年）
網野善彦『増補 無縁・公界・楽』平凡社、一九八七年
高木侃『三くだり半と縁切寺』講談社現代新書、一九九二年
松尾剛次『葬式仏教の誕生――中世の仏教革命』平凡社新書、二〇一一年
西田知己『日本語と道徳――本心・正直・誠実・智恵はいつ生まれたか』筑摩選書、二〇一七年

参考史料

岡見正雄校注『義経記』日本古典文学大系三七、岩波書店、一九五九年
永積安明他校注『保元物語 平治物語』日本古典文学大系三一、岩波書店、一九六一年
麻原美子他校注『舞の本』新日本古典文学大系五九、岩波書店、一九九四年
国書刊行会編『徳川文芸類聚』八（『阿弥陀胸割』）、国書刊行会、一九一五年（国）
石田瑞麿訳『親鸞全集』別巻（『改邪鈔』）、春秋社、一九八七年

平松令三編『真宗史料集成』四（『十六問答記』）、同朋舎、一九八二年
北畠親房著、岩佐正校注『神皇正統記』岩波文庫、一九七五年
大隅和雄校注『中世神道論』日本思想大系一九、岩波書店、一九七七年

第三章

参考文献

井上哲次郎『日本陽明学派之哲学』冨山房、一九〇〇年（国）
白石広子『じゃがたらお春の消息』勉誠出版、二〇〇一年
千葉乗隆『真宗教団の組織と制度』同朋舎、一九七八年
高島元洋『山崎闇斎—日本朱子学と垂加神道』ぺりかん社、一九九二年

参考史料

海老沢有道他校注『キリシタン書 排耶書』日本思想大系二五、岩波書店、一九七〇年
海老沢有道編『スピリツアル修行』キリシタン研究三一、教文館、一九九四年
鈴木一郎訳『テルトゥリアヌス』二、教文館（キリスト教教父著作集一四）、一九八七年
山井湧他校注『中江藤樹』日本思想大系二九、岩波書店、一九七四年
レオン・パジェス著、吉田小五郎訳『日本切支丹宗門史』下、岩波文庫、一九四〇年
神道大系編纂会編『熊沢蕃山』神道大系 論説編二一、神道大系編纂会、一九九二年
熊沢蕃山『集義外書』中村直道写、一八二五－二六年（早）
山鹿素行『山鹿語類』二、国書刊行会、一九一一年（国）
山鹿素行『中朝事実』上、一六六九年（国）

井原西鶴『西鶴全集』下（『本朝桜陰比事』『武家義理物語』『新可笑記』）、博文館、一八九四年（国）
国民文庫刊行会編『雑史集』国民文庫刊行会（『塵塚物語』）、一九一二年（国）
姚思廉撰『梁書』五五、汲古閣、一六五六年（早）
近松全集刊行会編『近松全集』一（『出世景清』『三世相』『佐々木先陣』『薩摩守忠度』）、岩波書店、一九八五年
青木晃他編『真名本 曽我物語』一、平凡社、一九八七年
市古貞次他校注『曽我物語』日本古典文学大系八八、岩波書店、一九六六年
長友千代治他校注・訳者『近松門左衛門集』三（『曽我会稽山』）、新編日本古典文学全集七六、小学館、二〇〇〇年
小泉弘他校注『宝物集 閑居友 比良山古人霊記』新日本古典文学大系四〇、岩波書店、一九九三年
海音研究会編『紀海音全集』三、清文堂、一九七九年
貝原篤信『大和本草』九、永田調兵衛、一七〇九年（国）
貝原益軒著、石川謙校訂『養生訓・和俗童子訓』岩波文庫、一九六一年
宮崎安貞編録、土屋喬雄校訂『農業全書』岩波文庫、一九三六年
西川如見著、飯島忠夫他校訂『町人嚢・百姓嚢・長崎夜話草』岩波文庫、一九四二年
西川如見著、飯島忠夫他校訂『日本水土考・水土解弁・増補華夷通商考』岩波文庫、一九四四年
守随憲治他校注『近松浄瑠璃集』下（『国性爺合戦』）、日本古典文学大系五〇、岩波書店、一九五九年
作者未詳『あやつり画番附』享保頃（国）
江島其磧『其磧自笑傑作集』帝国文庫八、博文館、一九二九年（国）
岡田玉山『国姓爺忠義伝』四、河内屋茂兵衛、出版年不明（早）
石井良助編『徳川禁令考』前集五、創文社、一九五九年

細川行信編『真宗史料集成』八（『叢林集』）、同朋舎、一九七四年
平松令三編『真宗史料集成』七（『高田親鸞聖人正統伝』）、同朋舎、一九七四年
平重道他校注『近世神道論　前期国学』日本思想大系三九（『神道伝授鈔』『垂加社語』）、岩波書店、一九七二年

第四章

参考文献

土田健次郎『江戸の朱子学』筑摩選書、二〇一四年
郡司正勝『かぶきの発想』弘文堂、一九五九年
中尾和昇『馬琴読本の様式』清文堂出版、二〇一五年
鬼頭宏『人口から読む日本の歴史』講談社学術文庫、二〇〇〇年
黒田日出男『境界の中世 象徴の中世』東京大学出版会、一九八六年

参考史料

高野辰之他編『近松門左衛門全集』八（『日本振袖始』）、春陽堂、一九二三年（国）
竹田和泉等『奥州安達原』金桜堂、一八九一年（国）
曲亭馬琴著、小池藤五郎校訂『南総里見八犬伝』二―四、岩波文庫、一九九〇年
伊藤仁斎『語孟字義』下、一七〇五年（国）
吉川幸次郎他校注『荻生徂徠』日本思想大系三六（『太平策』）、岩波書店、一九七三年
滝本誠一編『日本経済叢書』三（『献可録』）、日本経済叢書刊行会、一九一四年（国）
石井良助編『御当家令条・律令要略』近世法制史料叢書二、創文社、一九五九年

滝本誠一編『日本経済叢書』三一（『地方凡例録』）、日本経済叢書刊行会、一九一六年（国）
中村幸彦校注『近世町人思想』日本思想大系五九（『百姓分量記』）、岩波書店、一九七五年
新編真宗全書刊行会編『新編 真宗全書』史伝編二（『安永勧進』）、思文閣、一九七五年
新編真宗全書刊行会編『新編 真宗全書』教義編一四（『改邪鈔随筆』）、思文閣、一九七七年
祐田善雄校注『文楽浄瑠璃集』日本古典文学大系九九（『菅原伝授手習鑑』）、岩波書店、一九六五年
守随憲治校訂『舞曲扇林・戯財録 附 芝居秘伝集』岩波文庫、一九四三年
曲亭馬琴『羇旅漫録』中、畏三堂、一八八五年（国）
井上哲次郎他監修、佐伯有義校訂『垂加神道』下（『神道排仏説』）、大日本文庫・神道編、春陽堂、一九三七年（国）
近藤啓吾校注『神道大系 論説編十三 垂加神道』下（『雑話筆記』）、神道大系編纂会、一九七八年
新井白石『古史通』一、松山堂、一八七一年（国）
井上哲次郎他監修、佐伯有義校訂『垂加神道』上（『玉籤集』）、大日本文庫・神道編、春陽堂、一九三五年（国）
芳賀登他校注『国学運動の思想』日本思想大系五一（『神道学則日本魂』『園能池水』『遠山毘古』）、岩波書店、一九七一年
本居宣長著、子安宣邦校注『排蘆小船・石上私淑言』岩波文庫、二〇〇三年
水谷弓彦校訂『校訂 近松半二浄瑠璃集』続帝国文庫一四（『時代織室町錦繡』）、博文館、一八九九年（国）
上田万年他編『平田篤胤全集』三、内外書籍、一九三三年（国）
国書刊行会編『伴信友全集』四、ぺりかん社、一九七七年
松本三之介他校注『近世史論集』日本思想大系四八（『大勢三転考』）、岩波書店、一九七四年

入江昌喜『幽遠随筆』下、田原平兵衛、一七七四年（国文学研究資料館）
谷川士清『倭訓栞』一五（国）
高田義一郎『趣味の医学夜話』至玄社、一九二九年（国）
乙葉弘校注『浄瑠璃集』上、日本古典文学大系五一（『仮名手本忠臣蔵』）、一九六〇年
杉田玄白著、緒方富雄校注『蘭学事始』岩波文庫、一九五九年
杉田玄白『和蘭医事問答』下、一七九五年（早）
杉田玄白著、酒井シヅ訳『解体新書』講談社学術文庫、一九九八年
杉田玄白『形影夜話』上、墻東居、一八一〇年（早）
寺島良安編『和漢三才図会』七、秋田屋太右衛門、一七一二年（国）
菊池東水『解馬新書』二、一八五二年、序（国）
『法令全書』内閣官報局、一八八八年（国）
香月牛山『小児必用養育草』一七一四年（京都大学附属図書館）
井原西鶴著、富士昭雄他校注『好色二代男・西鶴諸国ばなし・本朝二十不孝』新日本古典文学大系七六、岩波書店、一九九一年
奥田松柏軒『女用訓蒙図彙』一、万屋清兵衛、刊年不明（国）
香月牛山『婦人寿草』下六、一七九六年（早）
賀川玄悦『産論』一、一七七五年版（早）
平野重誠『病家須知』一―四、日本橋通（江戸）須原屋茂兵衛、一八三二年（早）
『庭訓往来』一六〇六年（国）
成島司直等編『徳川実紀』四、経済雑誌社、一九〇四年（国）
岡本一抱『病因指南』七、載文堂、一六九五年（京都大学附属図書館）

苗村丈伯『俗解襲方集』八、一六九三年（京都大学附属図書館）
香月牛山『国字医叢』五、一七三七年（京都大学附属図書館）
建部清庵『癘風秘録』上、写本、一七八二序（北里記念医学図書館）
大蔵省印刷局編『官報』七一一三、日本マイクロ写真、一九〇七年（国）

第五章

参考文献

ダグラス・スター著、山下篤子訳『血液の歴史』河出書房新社、二〇〇九年
小室正紀編著『近代日本と福沢諭吉』慶応義塾大学出版会、二〇一三年

参考史料

小町玉川『自修編』（滝本誠一編『日本経済叢書』一九、日本経済叢書刊行会、一九一五年）（国）
熊代彦太郎編『俚諺辞典』金港堂書籍、一九〇六年（国）
槙島昭武『和漢音釈書言字考節用集』四、村上平楽寺、一七一七年（早）
上田万年・松井簡治『大日本国語辞典』二、金港堂書籍、一九一六年（国）
鶴見誠校注『浄瑠璃集』下、日本古典文学大系五二（『鎌倉三代記』）、岩波書店、一九五九年
イーストレーキ『英和故事熟語辞林』三省堂、一八九四年（国）
星野久成編『英和熟語集』杉山辰之助、一八九八年（国）
英語教授研究会編『英和双解熟語辞典』吉川弘文館、一九〇六年（国）
新渡戸稲造等監集『英和俗語熟語故事大辞典』実業之日本社、一九一一年（国）
井上十吉『井上英和大辞典』至誠堂書店、一九一九年（国）

岡倉由三郎編『新英和中辞典』研究社、一九二九序（国）
大槻文彦『言海』ちくま学芸文庫、二〇〇四年
堀達之助編『英和対訳袖珍辞書』洋書調所、一八六二年（早）
柴田昌吉・子安峻編『英和字彙 附音挿図』日就社、一八七三年（国）
笹野堅校訂『能狂言』中、岩波文庫、一九四三年
『狂言記』五、笹本為七郎、一八三二年（国）
幸田露伴校『狂言記』狂言全集上、博文館、一九〇三年（国）
池田冬藏『解臓図賦』前川六左衛門他、一八二三年（国）
サミュエル・スマイルズ著、中村正直訳『西国立志編』講談社学術文庫、一九八一年
松山棟庵編『初学人身窮理』上、松山棟庵、一八八二年（国）
合信『全体新論訳解』一、文栄堂、一八七四年（国）
越村図南『瘍科精選図解』下、一八一九年（京都大学附属図書館）
弗知遜（ホユチソン）『生理書（弗氏）』三、一八七五年（国）
福沢諭吉『掌中 万国一覧』福沢蔵版、一八六九年（慶応義塾大学メディアセンター）
福沢諭吉『文明論之概略』岩波文庫、一九六二年
福沢諭吉『時事小言』山中市兵衛等、一八八一（国）
高橋義雄『日本人種改良論』石川半次郎、一八八四年（国）
『東洋学芸雑誌』三一－五三、東洋学芸社、一八八六年（国立国語研究所）
ゼー・シー・ヘボン『和英英和語林集成』丸善商社、一八九四年（国）
福沢諭吉『福翁百話』時事新報社、一八九七年（国）
丘浅次郎『進化と人生』開成館、一九一一年（国）

ウヰルリヤム・ユアット『牧畜全書』上、農商務省農務局、一八八七年（国）
ドヴォー『牧馬及ビ軍馬之補充』兵林館、一八九二年（国）
森鷗外『人種哲学梗概』春陽堂、一九〇三年（国）
森林太郎（鷗外）『黄禍論梗概』春陽堂、一九〇四（国）
伊藤博文『帝国憲法 皇室典範 義解』国家学会、一八八九年（国）
法理精華社編述『大日本帝国憲法義解』英吉利法律学校内法理精華社、一八八九年（国）
渡辺亨『通俗大日本帝国憲法釈義』東京出版会社、一八八九年（国）
桜井一久講述『訂正三版 民法要論』上、駸々堂本店、一八八八年（国）

ちくま新書
1561

血《ち》の日本《にほん》思想史《しそうし》
——穢《けが》れから生命力《せいめいりょく》の象徴《しょうちょう》へ

二〇二一年三月一〇日　第一刷発行

著者　西田知己（にしだ・ともみ）
発行者　喜入冬子
発行所　株式会社　筑摩書房
東京都台東区蔵前二-五-三　郵便番号一一一-八七五五
電話番号〇三-五六八七-二六〇一（代表）
装幀者　間村俊一
印刷・製本　三松堂印刷　株式会社

ISBN978-4-480-07384-6 C0221

ちくま新書

1343
日本思想史の名著30
苅部直

古事記から日本国憲法、丸山眞男『忠誠と反逆』まで、日本思想史上の代表的名著30冊を選りすぐり徹底解説。人間や社会をめぐる、この国の思考を明らかにする。

1099
日本思想全史
清水正之

外来の宗教や哲学を受け入れ続けてきた日本人。その根底に流れる思想とは何か。古代から現代まで、この国のものの考え方のすべてがわかる、初めての本格的通史。

946
日本思想史新論
――プラグマティズムからナショナリズムへ
中野剛志

日本には秘められた実学の系譜があった。『TPP亡国論』で話題の著者が、伊藤仁斎、荻生徂徠、会沢正志斎、福沢諭吉の思想に、日本の危機を克服する戦略を探る。

1257
武士道の精神史
笠谷和比古

侍としての勇猛な行動を規定した「武士道」だが、徳川時代に内面的な倫理観へと変容し、一般庶民の生活にまで広く影響を及ぼした。その豊かな実態の歴史に迫る。

1325
神道・儒教・仏教
――江戸思想史のなかの三教
森和也

江戸の思想を支配していた神道・儒教・仏教にこそ、現代人の思考の原風景がある。これら三教が交錯しつつ形作っていた豊かな思想の世界を丹念に読み解く野心作。

1469
近世史講義
――女性の力を問いなおす
高埜利彦編

第一線の実証史学研究者が最新研究に基づき江戸時代の実像に迫る。特に女性が持った力と果たした役割を多角的に検証。通史としても読める全く新しい形の入門書。

1418
日本人はなぜ「頼む」のか
――結びあいの日本史
白川部達夫

『万葉集』『源氏物語』から「頼み証文」まで、史料に表れる「タノム」という言葉の変遷を読み、日本人の社会的結合を描く、まったく新しい社会心性史の試み。